O Adolescente em Desenvolvimento

Antonio Carlos Amador Pereira
*Professor no Departamento de Psicologia da
Faculdade de Psicologia da
Pontifícia Universidade Católica de São Paulo.
Psicólogo e psicoterapeuta de adolescentes.*

Direção Geral: Julio E. Emöd
Supervisão Editorial: Maria Pia Castiglia
Revisão de Texto: Clenir Bellezi de Oliveira
Revisão de Provas: Grasiele L. Favatto Cortez
Editoração Eletrônica e Capa: Mônica Roberta Suguiyama
Fotografia da Capa: Fototeca – Coleção Brasil
Impressão e Acabamento: Bartira Gráfica e Editora S.A.

Dados Internacionais de Catalogação na Publicação (CIP)
(Câmara Brasileira do Livro, SP, Brasil)

Pereira, Antonio Carlos Amador
 O adolescente em desenvolvimento / Antonio Carlos Amador Pereira. -- São Paulo : HARBRA, 2005.

 Bibliografia.
 ISBN 85-294-0290-1

 1. Psicologia do adolescente 2. Psicologia do desenvolvimento I. Título.

05-0263   CDD-155.5

Índices para catálogo sistemático:
1. Adolescentes : Desenvolvimento : Psicologia do adolescente   155.5

O Adolescente em Desenvolvimento
Copyright © 2005 por **editora HARBRA ltda.**
Rua Joaquim Távora, 629
04015-001 – São Paulo – SP
Promoção: (0.xx.11) 5084-2482 e 5571-1122. Fax: (0.xx.11) 5575-6876
Vendas: (0.xx.11) 5549-2244, 5571-0276 e 5084-2403. Fax: (0.xx.11) 5571-9777

Todos os direitos reservados. Nenhuma parte desta edição pode ser utilizada ou reproduzida – em qualquer meio ou forma, seja mecânico ou eletrônico, fotocópia, gravação etc. – nem apropriada ou estocada em sistema de banco de dados, sem a expressa autorização da editora.

ISBN 85-294-0290-1

Impresso no Brasil   *Printed in Brazil*

Conteúdo

Prefácio xix

1 Um Período de Transições 1
O que É Adolescência? 1
A Adolescência É uma Construção Cultural? 1
Quando Termina a Adolescência? 2
Desenvolvimento e Ciclo Vital 5
Eles não São mais Crianças, mas ainda não
  São Adultos 7
Um Período de Crise 8

2 Principais Teorias da Adolescência 13
Hall e a Teoria da Recapitulação 13
Arnold Gesell: A Espiral de Padrões de
  Crescimento 14
Pontos de Vista Psicanalíticos Sobre a
  Adolescência 16
H. S. Sullivan (1892-1949): A Teoria Interpessoal
  do Desenvolvimento 22
    Pré-adolescência 23
    Adolescência inicial 24
    Adolescência posterior 25
Erik Erikson (1902-1994) e a teoria
  Psicossocial 25
Urie Bronfenbrenner (1917): Uma Visão
  Ecológica da Adolescência 26

3 Desenvolvimento Físico na Adolescência 29
Estatura 31

Forma e Proporção 31
Desenvolvimento das Características Sexuais
   nas Meninas 38
Desenvolvimento das Características Sexuais
   nos Meninos 38
Transtornos Alimentares na Adolescência 39

4 Desenvolvimento Cognitivo na Adolescência 45
O Desenvolvimento do Julgamento Moral 49
   Os estágios do raciocínio moral de
      Lawrence Kohlberg 50

5 A Teoria Psicossocial de Erikson e a Construção da Identidade 57
Uma Carreira Excepcional 58
A Teoria Psicossocial de Erikson 61
O Conceito de Identidade 64
Os Estágios do Desenvolvimento:
   as Oito Idades do Homem 66
   Confiança básica *versus* desconfiança básica 68
   Autonomia *versus* vergonha e dúvida 69
   Iniciativa *versus* culpa 70
   Produtividade (diligência) *versus* inferioridade 72
   Identidade *versus* confusão de papéis 74
   Intimidade *versus* isolamento 76
   Generatividade *versus* estagnação ou
      auto-absorção 78
   Integridade *versus* desesperança 78

6 Crise de Identidade na Adolescência: Epigênese e Ciclo Vital 81
Crises de Identidade da Adolescência 83
   Perspectiva temporal *versus* confusão temporal 83
   Autocerteza *versus* inibição 84
   Experimentação de papel *versus* fixação de papel 85
   Aprendizagem *versus* paralisia operacional 87
   Polarização sexual *versus* confusão bissexual 87
   Liderança e sectarismo *versus* confusão de
      autoridade 89

Comprometimento ideológico *versus*
  confusão de valores 89
O *status* de identidade 91

7 **Relacionamentos** 95
Os Adolescentes e a Família 95
Os Adolescentes e o Grupo de Pares 100
Os Relacionamentos Amorosos 104

8 **A Sexualidade na Adolescência** 113

9 **Adolescência: A Identidade em Risco** 125
Depressão e Condutas Anti-sociais 125
Uso e Abuso de Drogas 126
Uma Alternativa Teórica 131
Suicídio Adolescente 134
Resistindo e Resgatando a Identidade 136

10 A Entrada na Vida Adulta 137

Relação de Filmes cujo Tema É a Adolescência *141*
Bibliografia *147*
Índice Remissivo *151*

Prefácio

A compreensão da adolescência enquanto um período decisivo do ciclo vital tem constituído para mim um objeto de estudo desde que concluí o curso de graduação em psicologia, me tornei professor de psicologia do desenvolvimento e, posteriormente, psicoterapeuta de adolescentes. Além da descrição, análise e explicação dos processos evolutivos envolvidos nas mudanças que ocorrem durante a adolescência, a compreensão do processo de formação do sentido de identidade, e suas implicações na vida adulta posterior, sempre foram também foco de interesse para mim.

Este livro é, por um lado, o resultado de 25 anos de um trabalho realizado junto à disciplina de Psicologia do Desenvolvimento III, na Faculdade de Psicologia da PUC-SP. Durante esse período tive a colaboração de colegas como Flávia Arantes Hime e Eliana Bertolucci, com as quais pude experimentar várias combinações de programas, textos e atividades. Por outro lado, a experiência acumulada como psicoterapeuta de adolescentes nesse período também foi de grande valia para a elaboração dessa tarefa.

O primeiro capítulo discute a concepção de adolescência de um ponto de vista desenvolvimental, apresentando-se no segundo capítulo os principais teóricos do desenvolvimento da adolescência ao longo do século XX. Os dois capítulos seguintes examinam as mudanças físicas e cognitivas, temas importantes no estudo contemporâneo da adolescência, que também constituem requisitos para a compreensão da formação do senso de identidade. Esse último tópico é discutido nos capítulos 5 e 6, nos quais optei pela teoria psicossocial de Erik Erikson por considerá-la ainda útil para a compreensão da adolescência.

Os dois capítulos seguintes envolvem temas atuais como relacionamentos e sexualidade, que foram abordados transversalmente, com entrevistas ilustrativas. No capítulo 9 foram apresentados aqueles aspectos que constituem uma espécie de sombra na adolescência, muitas vezes foco de preocupações por parte de pais e de educadores.

O décimo capítulo aborda algumas questões relativas à necessidade de estabelecimento de compromissos por parte do jovem ao entrar no mundo dos adultos, bem como suas dificuldades.

Em cada um dos capítulos foram inseridos pequenos textos, elaborados por psicólogos e pesquisadores convidados, que discutem um tema de sua especialidade. Por se tratar de um livro essencialmente didático são sugeridas algumas estratégias ao final de cada capítulo, de modo a tornar o ensino e o aprendizado mais interessantes. Esse também é o objetivo da relação de filmes colocada no final deste volume.

Finalmente, quero destacar que um livro não é o produto apenas do trabalho de um indivíduo isolado. Muitas pessoas participaram direta ou indiretamente deste projeto e quero expressar-lhes minha gratidão: Helena Diniz Junqueira, que realizou as entrevistas com as mães; Denigés Maurel Régis Neto, pelo auxílio na pesquisa dos filmes; Olívia Pala Falavina, pelo incansável trabalho de organização do material; a jovem Mariana Luz Rocha, pela coleta de dados sobre o namoro entre adolescentes; Ana Cecília Andrade de Moraes, Amanda Rocha Leite de Mattos, Cynthia Pembertom Cancissu, Eliana Bertolucci, Fernanda Gouveia Paulino, Hilda Regina Ferreira Dalla Déa, Lúcia Maria Franco da Silva, Raquel Turci Pedroso e Rodrigo de Souza Amador Pereira, pela confiança e pela qualidade dos textos que produziram; Rosa Maria Tosta, pela paciência; Maria Pia Castiglia e Julio Emöd, pelo apoio que nunca faltou.

Também sou grato aos meus filhos, pelo muito que pude aprender sobre mim mesmo ao experimentar o papel de pai de adolescentes.

Antonio Carlos Amador Pereira

Um Período de Transições

A ave sai do ovo. O ovo é o mundo.
Quem quiser nascer tem que destruir um mundo.

Hermann Hesse

O que é adolescência?

A palavra *adolescência* deriva do substantivo latino *adollacentia*, que significa "crescer" ou "crescer em direção à maturidade". Na psicologia do desenvolvimento, **adolescência** é um *constructo* teórico referente a um processo, e não um estado, caracterizado pelas mudanças psicológicas que ocorrem num período de transição entre a infância e a idade adulta. A adolescência se inicia com a **puberdade**, período de rápido crescimento físico e mudanças fisiológicas que levam à maturidade sexual.

O termo puberdade origina-se do latim *pubertate*, que significa período de passagem entre a infância e a adolescência, como sinal da virilidade.

A puberdade termina quando o ciclo se completa e a pessoa é capaz de se reproduzir. O início da adolescência também é marcado por mudanças notáveis no desenvolvimento intelectual, como foi demonstrado pelos estudos de Jean Piaget.

A adolescência é uma construção cultural?

Em algumas sociedades tribais não há o equivalente ao nosso conceito de adolescência. Ainda hoje a transição da infância para a idade adulta é marcada com clareza através dos ritos de passagem, que são realizados por ocasião do início da maturação sexual. Tais cerimônias podem variar em complexidade: desde um simples corte de cabelo até tatuagens, extração de dentes, ou períodos de jejum e isolamento. A duração desses períodos de iniciação varia, podendo estender-se de alguns dias até um ano conforme a cultura. Mesmo assim não se compara aos anos da adolescência em nossa sociedade. Ao final de um ritual de puberdade se concede ao jovem o *status* de adulto, que ele assume sem qualquer tensão ou conflito. Ele é considerado oficialmente adulto, reconhecido pelas outras pessoas como um ser humano pronto para os comportamentos adultos, inclusive o casamento. É interessante observar que, nessas culturas, exceto pelo ritual da puberdade, o *status* de criança tende a ser contínuo ao de adulto.

Por outro lado, conforme se tornaram mais complexas, as sociedades modernas industrializadas foram criando um intervalo de aprendizagem entre a maturidade biológica e a maturidade social, com um conseqüente retardamento na tomada das responsabilidades adultas, intervalo que veio a constituir a adolescência tal como a conhecemos. Neste sentido, os acontecimentos psicológicos da adolescência não são necessariamente, em nossa sociedade, apenas um correlato natural das mudanças físicas da puberdade, mas também uma construção cultural, produto da complexidade das mudanças sociais.

Ao que tudo indica, à medida que as sociedades se tornam mais complexas, desenvolve-se um intervalo de aprendizagem, separando a maturidade biológica da idade adulta. A adolescência duradoura é um fenômeno recente, que passa a ser representada na literatura romântica a partir do século XIX e nas pesquisas psicológicas apenas no início do século XX, com a publicação dos estudos pioneiros de G. Stanley Hall.

Embora o estudo científico da adolescência seja recente, as atitudes em relação aos adolescentes são registradas desde a Antigüidade. Platão se preocupava com a educação apropriada dos jovens, Aristóteles escreveu sobre o caráter *apaixonado* e *irascível* dos jovens.

Quando termina a adolescência?

O final da adolescência também não é claramente definido. Este é um fenômeno relativamente novo em nossa sociedade, pois cerimônias como a *Crisma* (confirmação cristã) e o *Bar Mitzvah* judeu eram originariamente ritos de puberdade que oficializavam a entrada do indivíduo na vida adulta. Nas sociedades modernas podemos constatar que esses ritos perderam seu reconhecimento formal e seu significado simbólico. Cerimônias sociais foram substituídas por uma seqüência de etapas, como por exemplo a graduação escolar, que levam a um aumento do reconhecimento social. Os ritos também foram substituídos por definições legais de papéis, direitos, privilégios e responsabilidades. Conseqüentemente, os adolescentes acabam tendo um papel muito pouco definido: não é mais uma criança, mas ainda não é totalmente um adulto.

RITOS DE PUBERDADE EM DIVERSAS CULTURAS

Os ritos de puberdade podem ser independentes da puberdade fisiológica, dependendo da cultura em que se inserem. Na medida em que não estão necessariamente relacionados com mudanças biológicas, seria mais apropriado falar em cerimônias de iniciação, ritos de passagem ou ritos de adolescência.

Alguns ritos estão diretamente relacionados com o atingir da maturidade sexual, como nos casos freqüentes das cerimônias associadas à menarca. Entre os índios Tucuna, do Baixo Amazonas, imediatamente antes da menarca, ou seja, da primeira menstruação, a jovem é afastada dos homens, indo para uma cabana de reclusão, onde permanece 3 meses em completo isolamento. Após este período o corpo da jovem é pintado e durante 3 dias são celebradas cerimônias e festas. Imediatamente após esta fase, é permitido à jovem se casar e, então, não há qualquer cerimônia. O rito da puberdade é a cerimônia pública mais importante de sua vida, mudando seu *status* de criança para o de mulher casadoura.

Entre as jovens Manus, a menarca também determina o tempo das cerimônias e da constatação pública. Quando a jovem tem sua primeira menstruação, o pai lança um grande número de castanhas ao mar, para a diversão das crianças do povoado. Não há embaraço associado com o anúncio público ➤

➤ da menstruação. As jovens da aldeia vão se juntar à iniciada, grandes banquetes são realizados e várias cerimônias têm lugar. Para a jovem, a cerimônia significa que as atividades livres da infância terminaram e é esperado dela a passividade e a submissão até o casamento. Apesar do fato de a menstruação e os ritos de iniciação estarem intimamente associados, entre os Manus esta tem relativamente pouca importância psicológica na vida da jovem.

No caso dos meninos a ocasião pode ser ou não desvinculada das mudanças fisiológicas. Por exemplo, as cerimônias de iniciação dos Arapesh são totalmente divorciadas de critérios fisiológicos. As grandes iniciações públicas têm lugar a cada 6 ou 7 anos e, em função disto, alguns jovens têm idade e tamanho além da média e já conhecem algumas das revelações que serão feitas durante a cerimônia. Eles podem também já terem visto alguns dos objetos sagrados que serão mostrados.

Um motivo cultural para a iniciação é a estabilização do papel sexual do jovem. Os ritos de iniciação dão ao jovem uma identidade sexual como homem e solicitam um alto grau de solidariedade masculina que requer lealdade para com todos os homens.

A transição da infância ao *status* adulto pode ser tão breve quanto um ritual que serve para assinalar uma seqüência de crescimento, ou pode ser um período de status marginal e de ambigüidade que pode durar uma década ou mais. Nos casos em que a criança se torna adulto em mais ou menos uma noite, a adolescência pode ser resumida à cerimônia e é impróprio pensar-se em adolescência como um prolongado período, como ocorre nas sociedades tecnológicas modernas. No primeiro caso, a transição é rápida e simbólica; no segundo, é um processo.

O significado pessoal dos ritos também varia de uma sociedade para outra. Em certas populações, o iniciado é provido de novas revelações, novos conhecimentos, e são-lhe revelados segredos sagrados. De outro lado, encontram-se ritos que apresentam uma função puramente cerimonial.

Os Zuni, durante a iniciação, depois de serem chicoteados pelo "deus" mascarado, vêem que a máscara é retirada e colocada sobre suas próprias cabeças, para que aprendam que eles, como mortais, podem exercer todas as funções que os não iniciados atribuem a seres sobrenaturais. Em contraste, entre ➤

➤ os Manus uma festa é feita para celebrar a iniciação dos jovens entre 12 e 16 anos. Como parte da cerimônia, têm suas orelhas furadas, mas apenas com propósito decorativo, mesmo porque não são exigidas condutas ou responsabilidades novas quanto ao aspecto social ou econômico.

Lúcia Maria Franco da Silva
Psicóloga e professora do Departamento de
Psicologia do Desenvolvimento da PUC-SP.

Bibliografia

BROWN, J. K. Adolescent Initiation – Rites Among Preliterate Peoples. In Grinder, R. E. (ed .). *Studies in Adolescence*. New York: Macmillan, 1973.

ELIADE, M. *Mythes, Rêves et Mystéres*. Paris, Col. Ideés, Gallimard, 1959.

MEAD, M. *Sex and Temperament*. New York: Mentor Book, 1935.

MUUS, R. E. Puberty in Primitive and Modern Societies. *Adolescence*, 5 (17), 1970. pp. 109-128(b).

WHITING, J.; KLUCKHOLN, R.; ANTHONY, A. The Function of Male Initiation Cerimonies at Pubety. In MACCOBY, E. & NEWCOMB, T. M. (ed.) *Readings in Social Psychology*. Austin: Holt Rinehart & Winston, 1958.

Desenvolvimento e ciclo vital

O termo *desenvolvimento* abrange, num sentido amplo, o crescimento, a maturação e a aprendizagem. Refere-se a mudanças na natureza e na organização da estrutura e da conduta de um organismo, sistematicamente relacionadas com a idade, isto é, mudanças evolutivas e, portanto, cumulativas e irreversíveis.

O desenvolvimento é essencialmente um ***processo*** descontínuo, que segue uma direção orientada para a maturidade. É também um processo de transição, de interação entre o organismo e o ambiente, portanto, modificável pela experiência.

Uma das propriedades do desenvolvimento é a *diferenciação*. As reações emocionais da criança, por exemplo, são inicialmente globais e indefinidas, uma espécie de resposta de excitação geral, que depois vai dando lugar às emoções diferenciadas de alegria, medo ou cólera. O mesmo ocorre com o esquema corporal e a inteligência, que também passam por uma diferenciação.

Uma conseqüência da diferenciação é a *integração*. Na medida em que as células do organismo se diferenciam na estrutura e na função, a sobrevivência de cada célula e a estrutura total dependem da integração de todas essas diferentes funções, que assegura o funcionamento correto do organismo como um todo, conseguindo que a atividade dos diferentes órgãos esteja coordenada. A aprendizagem é um bom exemplo de integração. Evolutivamente, pode-se observar a forma com que as habilidades vão se organizando em padrões cada vez mais complexos, como ocorre no jogo da criança ou na linguagem, onde são combinados os sons para formar palavras e estas para formar frases, orações e períodos. Assim, à medida que a criança se desenvolve, ela decompõe seu ambiente e suas experiências em partes que possuem sentido para ela, e depois reagrupa e reorganiza essas partes em um novo conjunto que ela percebe como seu eu e seu mundo.

Quando pensamos em termos de desenvolvimento humano consideramos a pessoa como muito mais do que a simples soma de suas partes, uma vez que estas constituem um verdadeiro *sistema*. Essa organização não é, contudo, estática; a pessoa se encontra num processo constante de organização, que se estende através do ciclo vital, que tem início no nascimento e que termina somente com a morte biológica. A conduta do indivíduo é um produto da interação de toda sua herança genética com o ambiente (familiar, social e cultural) no qual está inserido. Mas a organização é individual; é um indivíduo distinto e único que constrói e reorganiza sua experiência. Não há duas pessoas que sejam exatamente iguais e a trajetória que uma segue não é a mesma que a de outra. A *inteligência* também deve ser entendida, considerando-se a criança como um todo, pois é uma forma de conduta e, portanto, de organização da pessoa.

Podemos olhar o indivíduo através da metáfora do *sistema aberto* de energia. A criança se caracteriza por sua atividade mas, em vez de buscar a redução da necessidade ou da tensão, busca o *equilíbrio* da energia e da informação. A abertura de um sistema depende da quantidade de intercâmbios entre ele e o meio externo. Um sistema aberto significa que a pessoa está continuamente sendo influenciada *por* e influindo *em* seu ambiente.

Um sistema aberto de energia apresenta um mecanismo de retroalimentação que permite que ele mantenha seu estado de equilíbrio dinâmico e suas forças internas.

Isso não é simplesmente uma resposta dos ambientes psicológico e fisiológico a estímulos externos que determinam a conduta, mas sim que o organismo é o ator, e está continuamente ativo.

Maturana (1980) denominou *autopoiésis* a constante atividade de auto-organização dos sistemas vivos. Isto significa que o organismo não volta a um estágio anterior, mas segue adiante, rumo a uma nova organização que o mantém em equilíbrio. Esta nova organização é derivada de sua condição anterior, mas incorpora a nova informação recebida do ambiente por meio de *feedback*. Parece existir um grau ótimo de energia para cada indivíduo e que este atua para se manter nele. Mas o organismo não procura reduzir a tensão pelo sistema, como alguns chegaram a pensar; pelo contrário, se o organismo não se sente suficientemente ativo, pode elevar o nível de tensão e achá-la satisfatória.

Finalmente, o desenvolvimento é descrito em termos de *estágios* ou fases que o sujeito tem de percorrer qualquer que seja seu contexto social ou cultural. Os limites de um estágio devem ser delineados de maneira não arbitrária. Conseqüentemente, os critérios para definir um estágio devem ter um caráter qualitativo, como, por exemplo, mudanças na organização da conduta ou o surgimento de novas formas de conduta. A ordem seqüencial dessas mudanças qualitativas que representam os estágios é sempre constante. A idade em que os indivíduos entram em um estágio pode variar de uma cultura para outra, mas os indivíduos atravessam os mesmos estágios na mesma ordem.

Eles não são mais crianças, mas ainda não são adultos

Na sociedade moderna não há um critério único pelo qual o jovem possa saber que foi reconhecido como adulto. Vários aspectos que caracterizam esse *status*, como independência financeira dos pais, término dos estudos e casamento, vêm sendo adiados para idades mais avançadas, alongando o período da adolescência.

As principais mudanças psicológicas da adolescência estão relacionadas com a necessidade de estabelecer um padrão de comportamento e uma personalidade própria que ainda se desconhece, pois ainda não se configurou totalmente. Essas transformações também estão relacionadas com as responsabilidades que o jovem deve assumir progressivamente e a desconstrução da imagem ideal que ele fazia previamente dos pais. Segundo Aberastury (1970), isto só é possível quando se elabora lenta e dolorosamente, o luto pelo corpo de criança, pela identidade infantil e pela relação com os pais de infância.

As mudanças psicológicas fazem com que o desenvolvimento físico adquira nesse período uma importância especial, uma vez que se produzem muitas transformações num breve período de tempo, principalmente as que se referem à sexualidade. Tais transformações acentuam, de forma quase definitiva, a diferença sexual biológica. Isso implica a necessidade dos jovens assumirem um papel social diferente e saberem se comportar como pessoas mais maduras. A mudança é relativamente brusca e, como todas as transformações rápidas, tem como conseqüência a necessidade de uma adaptação.

O tema central da adolescência é, portanto, a descoberta de si mesmo. Os adolescentes devem aprender a conhecer um corpo novo, com seus potenciais de emoções e de comportamentos, ajustando-os à sua auto-imagem. Devem também buscar o lugar que ocuparão na sociedade adulta. Isso implica uma progressiva autopercepção, uma consciência de si próprio.

Neste período os adolescentes flutuam entre uma dependência e uma independência extremas e muitas vezes parecem contraditórios às pessoas com as quais convivem, apresentando uma multiplicidade de identificações.

Um período de crise

A adolescência é um período da vida que propicia a aparição de uma crise psicológica, decorrente de uma situação pessoal que surge quando estruturas de adaptação e de defesa bem experimentadas deixam de ser adequadas à assimilação de novas exigências. Estas podem provir tanto da interioridade quanto da exterioridade, cruzando conflitos psicológicos individuais e uma série de circunstâncias externas que favorecem a ocorrência de tal crise. As afirmações de Erik Erikson ilustram tal situação:

> Os jovens devem tornar-se pessoas totais por seu próprio esforço, e isto durante um estágio de desenvolvimento caracterizado por uma diversidade de mudanças no crescimento físico,

> maturação genital e consciência social. Eu denominei sentido de identidade interior à totalidade a ser alcançada neste estágio. A fim de experimentar a totalidade, o jovem deve sentir uma continuidade progressiva entre aquilo que ele vem sendo durante os longos anos da infância e o que percebe que os outros vêem nele e esperam dele. Individualmente falando, a identidade inclui a soma de todas as identificações daqueles primeiros anos quando a criança queria ser, e freqüentemente era forçada a tornar-se aquilo que as pessoas de quem dependia queriam que ela fosse. A identidade é um produto único, que encontra agora uma crise a ser resolvida apenas através de novas identificações com os companheiros de mesma idade e com as figuras dos líderes, fora da família. (ERIKSON, 1968, p. 87)

No sentido original de Erikson, a crise de identidade acontece quando um jovem percebe um conflito entre os materiais sociais que pode empregar em sua vida e seu desejo ou aptidão para usá-los. A crise de identidade na fase posterior da adolescência consiste em avaliar as relações mútuas entre a imagem que tem de si mesmo e a imagem da própria vida. Sendo assim, essa crise não é simplesmente uma crise de "como é minha personalidade?". É, predominantemente, um intento consciente do ser humano em pleno crescimento para formular, pela primeira vez em sua vida, regras ou normas que relacionem sua própria imagem à imagem da vida ao seu redor.

Esta formulação de regras, para definir as relações entre o sentido individual de si mesmo e o sentido do mundo social que o rodeia, cria o sentimento de individualidade do adolescente. O jovem se comporta agora a seu modo, pode finalmente se dedicar às atividades que na infância eram incumbência da autoridade parental, pode ditar regras de ética, normas de conduta que acredita serem apropriadas. Possui as faculdades sexuais e intelectuais para fazê-lo e apenas uma coisa lhe falta: a experiência para utilizá-las. Intolerante com as velhas restrições parentais, impaciente por compreender e ver por si mesmo, é como um pintor com um enorme sortimento de tintas e pincéis, mas sem uma tela na qual possa pintar. Não tem uma idéia precisa do emprego que pode dar às próprias potencialidades, aos materiais da vida que ele mesmo possui.

Finalmente, é preciso lembrar que as situações nas quais os jovens devem formular um juízo com relação ao sentido de si mesmo e ao sentido do que reside à margem deles estão repletas de enorme ansiedade. Eles precisam de tempo para integrar as rápidas mudanças físicas, psíquicas e sociais que experimentam. Aberastury (1970) afirma que só quando o adolescente é capaz de aceitar, simultaneamente, seus aspectos de criança e de adulto é que ele pode começar a aceitar em forma flutuante as mudanças do seu corpo e começa a surgir uma nova identidade.

O QUE É SER ADOLESCENTE?*

I

Ser adolescente é bom porque os outros não ficam tratando a gente como crianças, mas também é ruim porque as pessoas já ficam exigindo muita coisa da gente; querem tudo bonitinho, bemfeito, porque nós já deixamos de ser criancinhas e ficam pensando que já somos adultos. Isto só em certas partes, não em todas. Ser adolescente é mais ou menos bom porque já podemos sair, chegar um pouco tarde em casa porque somos maiores um pouco.

O bom de ser adolescente é isto, mas o que é melhor mesmo é ser criança, pois temos menos responsabilidades.

Ser adolescente é uma passagem de criança para adulto e as coisas ficam muito confusas; é por isso que, às vezes, é bom e, às vezes, é ruim. Ora somos crianças, ora somos adultos. Uma coisa muito incerta.

Maurício, 14 anos.

II

É a melhor parte da vida, pois o adolescente aproveita a vida, tem um diálogo moderno e, às vezes, inteligente.

Eu acho que a adolescência preocupa muito os pais, devido às drogas, crimes.

Já, nós adolescentes, achamos isso uma bobagem, porque se nos cuidarmos não acontece nada, mas na verdade às vezes um amigo dá uma bala ou um chiclete e a gente pensa que o ➤

---

* Os nomes foram alterados para preservar a identidade dos adolescentes.

➤ amigo não colocou nada, mas às vezes pode ter colocado algo que nem percebemos.

Eu acho que o mundo que o adolescente vive hoje é perigoso por isso; só com o conselho dos pais, com a cabeça feita e com educação é que pode se viver hoje em dia.

Eu acho linda a minha adolescência, por isso vou aproveitá-la bem, sem fazer nenhuma besteira.

Laura, 13 anos

Atividades

IMAGENS DA ADOLESCÊNCIA

Sente-se em um lugar tranqüilo, onde possa ficar em silêncio por algum tempo. Certifique-se de que há algum espaço ao seu redor, de modo a não se distrair com pessoas por perto. Feche os olhos e entre em contato com a sua existência física e com as sensações que está tendo. Tome consciência de como se sente internamente. Então, procure lembrar-se da época em que você tinha quinze anos de idade. Deixe que apareçam algumas imagens visuais: da sua casa, da escola em que você estudava, dos locais pelos quais gostava de passear... Relembre os cheiros e os sons desses locais.

- Como era seu corpo?
- Como você se vestia?
- O que você lembra da sua família?
- Como eram seus colegas e seus amigos?
- O que costumavam fazer quando estavam juntos?
- Que músicas gostavam de ouvir?
- Como eram as festas?
- O que as pessoas falavam de você?
- Como era sua vida?

Examine calmamente cada uma dessas lembranças e guarde-as novamente em sua memória.

Abra os olhos. Pegue uma folha de papel e um lápis (ou *crayon*), procure representar suas imagens da adolescência.

Principais Teorias da Adolescência

*As convicções são inimigas mais perigosas
da verdade do que as mentiras.*

Nietzche

Hall e a teoria da recapitulação

Um dos expoentes da psicologia norte americana, G. Stanley Hall (1846-1924), foi um pioneiro no estudo do desenvolvimento da criança e do adolescente. Seu livro *Adolescence*, com 1.300 páginas e dividido em dois volumes, foi publicado em 1904.

Hall foi muito influenciado pela Teoria da Evolução e pelas idéias de Ernst Haeckel, um discípulo de Charles Darwin, que defendia a tese de que a *ontogênese espelha a filogênese*, isto é, que a seqüência de crescimento que um determinado organismo segue no útero antes do nascimento é uma breve repetição da seqüência de desenvolvimento que os organismos ancestrais seguiram no decorrer da evolução. Dessa forma, o organismo, no período entre a concepção e o nascimento, repetiria a história evolutiva. Hall aplicou o mesmo princípio ao desenvolvimento pós-natal, formulando a teoria de que os estágios da vida entre a infância e a maturidade espelham os diversos estágios da história evolutiva da humanidade. Na infância, a criança se assemelharia a um ancestral bastante primitivo da raça humana. A meninice, por sua vez, expressaria uma versão mais avançada, mas ainda pré-histórica do ser humano. A adolescência, por outro lado, seria um período particularmente importante no esquema evolutivo, representando a recapitulação de um estágio da história humana, intermediário entre o primitivo e o civilizado.

Hall descrevia a adolescência como um período correspondente ao tempo em que a raça humana estava em um estágio transitório e tumultuado, uma época de turbulência e tensão. Ao contrário de muitos teóricos da atualidade, ele afirmava que a puberdade era um tempo de grande perturbação, desajustamento emocional e instabilidade, no qual os humores do adolescente oscilavam entre a atividade e a indiferença, entre a euforia e a depressão, ou entre o egotismo e a timidez. O final da adolescência marcaria um novo nascimento, no qual surgiriam os traços mais completamente humanos e elevados, correspondendo ao início da civilização moderna.

A adolescência, portanto, seria vital para a sociedade em sua marcha rumo ao progresso, constituindo *a infância de um homem de natureza superior, quando ele recebe da grande mãe natureza um último capital de energia e momento evolutivo.*

A teoria da adolescência de Hall caiu em desuso na medida em que a teoria da recapitulação tornou-se insustentável. No entanto, suas observações e descrições minuciosas do comportamento adolescente são consideradas marcos na psicologia do desenvolvimento e ainda influenciam os manuais contemporâneos.

Arnold Gesell: a espiral de padrões de crescimento

Gesell (1880-1961) ficou célebre por suas observações do desenvolvimento humano, desde o nascimento até a adolescência, realizadas na *Yale Clinic of Child Development* e mais tarde no *Gesell Institute of Child Development*. Um de seu livros mais conhecidos é *Youth: The Years from Ten to Sixteen* (GESELL e AMES, 1956).

Gesell estudou as manifestações comportamentais do desenvolvimento e da personalidade. Ele observou as ações e o comportamento de crianças e de jovens de diferentes idades e construiu escalas descritivas de estágios e ciclos do desenvolvimento. Em suas escalas de desenvolvimento ele descreveu o que considerava normas de comportamento em suas seqüências cronológicas.

A teoria de Gesell é, em essência, orientada biologicamente, sugerindo que a maturação do indivíduo é mediada pelos genes. Assim, quando surgem os traços de comportamento e as tendências desenvolvimentais há uma determinação biológica.

Esta concepção implica um tipo de determinismo biológico que retira dos pais e dos professores qualquer influência direta sobre o desenvolvimento da criança. Considerando o amadurecimento da criança como um processo natural, Gesell considerava que o tempo isoladamente pode resolver a maioria dos problemas da criança em crescimento: *As dificuldades e os desvios serão superados durante o crescimento, advertindo-se os pais contra o uso de métodos emocionais de disciplina* (GESELL e AMES,1956, p. 41).

Segundo Gesell, cada criança nasce única, com *seus próprios fatores genéticos ou constituição individual e seqüências maturacionais inatas* (GESELL e AMES, 1956, p. 22). Ele enfatizou que a aculturação não poderá nunca se sobrepor à maturação, porque esta última é primordial. Apesar de aceitar as diferenças individuais e a influência do ambiente no desenvolvimento da criança e do adolescente, ele considerava muitos dos princípios, tendências e seqüências como sendo universais entre os seres humanos. Tal concepção colide com as descobertas da antropologia cultural e da psicologia social que demonstram que as diferenças individuais são significativamente influenciadas pela cultura.

Gesell tentou enfatizar que as mudanças são graduais e coincidentes, mas suas descrições indicam, na maioria das vezes, profundas e repentinas mudanças de uma idade para outra. Ele também afirmava que o desenvolvimento não ocorre apenas de modo ascendente, mas em espiral, caracterizada por níveis tanto ascendentes como descendentes, que causam alguma repetição em diferentes idades. Por exemplo, tanto o pré-adolescente de 11 anos como o adolescente de 15 são rebeldes e briguentos, enquanto que os de 12 e 16 anos de idade são razoavelmente estáveis.

Uma das críticas que se pode fazer aos trabalhos de Gesell é relativa ao fato de que ele elaborou suas conclusões a partir de uma amostra de meninos e meninas de nível socioeconômico alto em New Haven, sob a argumentação de que tal amostra homogênea não levaria a falsas generalizações. Entretanto, mesmo quando são considerados apenas os fatores físicos, as crianças e os adolescentes diferem bastante quanto ao nível e ao ritmo de crescimento, o que torna difícil estabelecer normas para uma determinada faixa etária.

Não obstante, os livros de Gesell constituíram verdadeiras "bíblias do desenvolvimento" durante as décadas de 1940 e 1950, exercendo influência marcante sobre psicólogos, pais e educadores.

Pontos de vista psicanalíticos sobre a adolescência

Sigmund Freud (1856-1939) não se empenhou em construir teorias sobre a adolescência, por considerar os anos da infância como fundamentais para a formação da personalidade. De fato, ele escreveu brevemente sobre a adolescência em *Três Ensaios Sobre a Sexualidade* (FREUD, S., 1920), em que descreveu a adolescência como um período de excitação sexual, ansiedade e, algumas vezes, com transtornos de personalidade. Segundo Freud, a puberdade é o ápice de uma série de mudanças que proporcionam à sexualidade infantil sua forma final. Durante o primeiro ano de vida, quando o prazer está ligado às atividades orais (**fase oral**), a criança utiliza um objeto sexual que está fora de seu corpo: o peito da mãe. A partir deste objeto ela obtém satisfação física, calor, afeto, prazer e segurança. Para Freud, a mãe, enquanto amamenta, também abraça, acaricia, beija e embala o bebê (FREUD, S., 1953).

Com o passar do tempo, a atividade da criança torna-se auto-erótica; ela começa a obter prazer e satisfação de atividades que ela própria pode controlar. Além de mamar no peito da mãe, ela obtém prazer de outras atividades orais, como chupar os dedos e outros objetos. Posteriormente, entre os dois e os três anos, a satisfação e o prazer são concentrados na região anal, nas atividades de eliminação (**fase anal**). Este período é seguido pelo desenvolvimento de um interesse no próprio corpo e nos órgãos genitais (**fase fálica**), aproximadamente entre quatro e cinco anos de idade.

Durante a fase seguinte, que Freud denominou período de latência (dos seis anos de idade até a puberdade), o investimento sexual já não é tão intenso, embora a criança busque a ajuda de outras pessoas para satisfazer suas necessidades de afeto. Ela se torna mais interessada nas amizades, principalmente do mesmo sexo.

Na puberdade (**fase genital**), completa-se o processo de busca do objeto. A maturação dos órgãos genitais é acompanhada de um forte desejo de resolver as tensões sexuais. Esta resolução demanda um objeto de amor que, segundo a teoria de Freud, é procurado no sexo oposto, fora do ambiente familiar.

Anna Freud (1895-1982), ao contrário de seu pai, dedicou-se mais ao estudo do processo do desenvolvimento adolescente e das mudanças na estrutura psíquica da criança ao atingir a puberdade. Ela caracterizava a adolescência como um período de conflitos internos, desequilíbrio psíquico e comportamento inconstante ou errante:

Os adolescentes são excessivamente egoístas, considerando-se o centro do universo e o único objeto de interesse. Mas não há outra fase da vida onde se é capaz de tanto auto-sacrifício e devoção. Eles são capazes de estabelecer as relações amorosas mais apaixonadas e de terminá-las tão abruptamente quanto as começaram. Por um lado eles se envolvem entusiasticamente na vida da comunidade e, por outro, têm uma necessidade extrema de solidão. Eles oscilam entre uma submissão cega a um líder eleito e uma rebelião desafiadora contra qualquer tipo de autoridade. Eles são egocêntricos e materialistas e, ao mesmo tempo, cheios de idéias elevadas. Eles são ascéticos, mas subitamente mergulham numa indulgência instintiva, típica das mentalidades primitivas. Às vezes, seu comportamento para com outras pessoas é grosseiro e sem consideração, ainda que eles mesmos sejam sensíveis. Seus temores oscilam do otimismo esfuziante ao pessimismo sombrio. Algumas vezes eles trabalham com um entusiasmo infatigável e outras são preguiçosos, desleixados e apáticos. (FREUD, A., 1946, p.137)

As razões para esse comportamento são o desequilíbrio psíquico e os conflitos internos que acompanham a maturação sexual na puberdade. Segundo Anna Freud (1946, p. 144), *o processo fisiológico que marca o advento da maturidade física sexual é acompanhado pela estimulação dos processos instintivos, a qual é transportada para a esfera psíquica na forma de um influxo da libido.* Isto resulta na destruição do equilíbrio de forças que havia sido estabelecido anteriormente entre o *id* e o *ego*, resultando em conflitos internos entre as duas instâncias.

Na puberdade, há uma intensificação das **pulsões**, acompanhada por um interesse na genitalidade. As pulsões agressivas também *são intensificadas, ao ponto de completo desregramento; a fome se transforma em voracidade; e a traquinice do período de latência redunda no comportamento criminoso da adolescência. Os interesses orais e anais, outrora reprimidos, ressurgem* (FREUD, A., 1946, p. 144). Os hábitos de limpeza dão lugar ao prazer na sujeira e na desordem, *e, ao invés de modéstia e simpatia, deparamo-nos com as tendências exibicionistas, a brutalidade e a crueldade com os animais* (FREUD, A., 1946, p. 145). Anna Freud ainda afirmou que *as formações reativas, que pareciam firmemente estabelecidas na estrutura do ego, ameaçam se despedaçar (...), antigas tendências ressurgem na consciência (...) os desejos edípicos são realizados na* *forma de fantasias e divagações, (...) a sexualidade e a agressividade da primeira infância são ressuscitadas na puberdade* (FREUD, A., 1946, p. 159).

A intensificação das pulsões do id apresentam um desafio ao ego do adolescente. Enquanto que o ego da primeira infância ainda não estava desenvolvido, sendo impressionável e flexível, sob a influência do id, o ego, no final do período de latência, é rígido e está firmemente consolidado. Se o ego do adolescente rebelar-se, subitamente, contra o mundo exterior e aliar-se ao id para obter gratificação instintiva, envolver-se-á em conflitos com o *superego*. Desta forma, o renovado ímpeto das pulsões na adolescência desafia diretamente as capacidades de raciocínio e o poder da consciência do indivíduo. O ego, *nesta luta para preservar sua imutabilidade, motivado pela ansiedade objetiva e pela ansiedade de consciência, emprega indiscriminadamente todos os métodos de defesa a que sempre teve acesso como recurso, tanto na infância como durante o período de latência (...) reprime, desloca, nega, inverte as pulsões e reverte-os contra o eu; produz fobias, sintomas histéricos e subjuga a ansiedade por meio do pensamento e do comportamento obsessivos* (FREUD A., 1946, p. 149).

Os conflitos são tão intensos que o ego passa a utilizar alguns mecanismos que, até então, eram desconhecidos. Anna Freud observou que alguns adolescentes passam por austeros períodos de autorecusa, utilizando o mecanismo de defesa do **ascetismo**:

> Os jovens que passam por este tipo de fase ascética que eu tenho em mente parecem temer mais a quantidade do que a qualidade de suas pulsões. Eles desconfiam da fruição em geral e, assim, sua segurança parece resultar simplesmente da contraposição de seus desejos mais prementes, por meio das mais severas proibições. Sempre que a pulsão diz "Eu quero", o ego retruca "Tu não terás", de um modo muito parecido ao empregado pelos pais nos primeiros anos de treinamento de suas crianças. Esta desconfiança adolescente da pulsão tem uma perigosa tendência a se generalizar; poderá começar pelos desejos instintivos propriamente ditos e estender-se às necessidades físicas mais comuns. Todos nós já encontramos jovens que renunciavam severamente a quaisquer impulsos que tivessem o sabor da sensualidade e que evitavam a sociedade de pessoas de sua própria idade, declinando participar de qualquer diversão e, de um modo puritano, recusando ter qualquer coisa a ver com o teatro, ➤

> a música ou a dança. Podemos compreender que há uma ligação entre a abstenção de roupas bonitas e atraentes e a proibição da sexualidade. Mas nós começamos a ficar inquietos quando essa renúncia se estende a coisas inofensivas e necessárias, como, por exemplo, quando um jovem se recusa a usar a mais simples proteção contra o frio, mortifica o corpo de todos os modos possíveis e expõe sua saúde a riscos desnecessários; quando não só renuncia a determinadas espécies de prazer oral, mas também, "por princípio", reduz sua alimentação diária ao mínimo; quando, pelo fato de ter gozado longas noites de sono profundo, ele se obriga a estar de pé muito cedo; quando reluta em rir ou sorrir, ou quando, em casos extremos, retém a defecação e a micção o maior tempo possível, baseando-se na idéia de que não deve ceder imediatamente a todas as necessidades físicas. (FREUD, A., 1946, p. 154-155)

No caso do ascetismo, em função do temor de ser invadido por suas próprias pulsões, o adolescente acata uma forma extrema de abandonar, por um certo tempo, todos os prazeres. Na maioria dos casos, porém, os jovens empregam estas formas restritivas de defesa apenas por algum tempo; *de repente, o adolescente torna-se indulgente a todas as coisas que ele previamente havia considerado como proibidas e passa a desconsiderar qualquer restrição externa* (FREUD, A., 1946, p. 156).

Um outro mecanismo de defesa do ego, utilizado pelo adolescente, foi denominado **intelectualização** por Anna Freud. Para ela, o aumento da capacidade de raciocínio durante a adolescência é um sinal exterior de uma estratégia de defesa, um novo meio de controlar as pulsões:

> Os adolescentes têm um insaciável desejo de meditar sobre assuntos abstratos, dar-lhes voltas na mente e falar a respeito dos mesmos. Muitas das amizades baseiam-se e mantêm-se por esse desejo de cogitar e discutir tais assuntos em conjunto. A gama desses interesses abstratos e dos problemas que os jovens tentam solucionar é muito vasta. Argumentarão a favor e contra o amor livre, o casamento e a vida familiar, a existência autônoma ou a >

> adoção de uma profissão, a vida errante ou a fixação, e discutirão problemas filosóficos como religião e livre-pensamento, ou diferentes teorias políticas, tais como revolução *versus* submissão à autoridade, ou a própria amizade sob todas as formas. Se, como ocorre por vezes na análise, recebermos um relato fiel das conversas entre alguns jovens, ou se – como tem sido feito por muitos que se dedicam ao estudo da puberdade – examinarmos os diários e anotações dos adolescentes, ficaremos não só pasmados frente à amplitude e o fluxo desembaraçado de seu pensamento, mas também impressionados pelo grau de empatia e compreensão manifestos por sua aparente superioridade em relação a pensadores mais maduros e até, algumas vezes, pela sabedoria que revelam no tratamento dos problemas mais difíceis. (FREUD, A., 1946, p. 159)

Os assuntos escolhidos pelos adolescentes para debater representam, segundo Anna Freud, lados opostos de seus próprios conflitos internos, disfarçados e transportados para o plano intelectual. Ao transformar sua própria luta interna em um argumento abstrato, o adolescente pode lograr manter alguma distância dela. Neste sentido, a inundação da libido na puberdade faz com que os adolescentes pareçam mais inteligentes que as crianças. O ego, em resposta ao aumento das pressões pulsionais, expande seu poder de racionalidade.

Anna Freud observou também que a adolescência é um período de instabilidade nos relacionamentos, alternando a devoção com volubilidade, em que amizades e amores passionais duram por um breve tempo por serem demasiado intensos. A explicação para este novo e instável interesse pelas pessoas de fora da família envolve as noções de conflito e defesa.

O ressurgimento da sexualidade infantil faz com que se torne perigoso manter-se emocionalmente ligado aos pais. Durante a puberdade, todos os antigos desejos edipianos reaparecem, agora mais perigosos e ameaçadores por poderem ser realizados. O jovem luta com a atração pelo genitor do sexo oposto e a hostilidade por aquele do mesmo sexo. Sua opção é, então, afastar-se deles, vivendo como um estranho em sua própria casa. As ligações apaixonadas com seus pares, os romances e a adoração de mitos têm a finalidade de preencher o vazio emocional deixado pelo abandono dos antigos objetos de amor. Anna Freud assinala que a transitoriedade dessas relações é uma indicação de seu caráter defensivo:

> A situação psíquica nesta e em fases semelhantes à puberdade pode ser facilmente descrita. Estes amores apaixonados e esvanecentes não são realmente relações objetais, no sentido em que nós usamos o termo quando falamos de adultos. Elas são identificações do tipo mais primitivo, como aquelas que encontramos em nosso estudo do início do desenvolvimento infantil, antes que exista qualquer objeto de amor. Portanto, a volubilidade característica da puberdade não é indício de qualquer mudança no amor ou nas convicções do indivíduo, mas sim uma perda da personalidade, em conseqüência de uma mudança na identificação. (FREUD, A., 1946, p. 169)

Embora considerasse os anos da infância como mais relevantes para a formação do indivíduo, Anna Freud reconheceu, em obras mais recentes, o papel da adolescência:

> Há (...) uma questão sempre presente que é se a revolução da adolescência é bem-vinda e benéfica enquanto tal, se é necessária e, mais do que isso, se é inevitável. Neste ponto a opinião psicanalítica é decisiva e unânime. As pessoas da família e da escola da criança que se deparam com estes comportamentos podem deplorar a desordem do adolescente, que para elas significa a perda de qualidades relevantes, da estabilidade de caráter e da adaptação social. Enquanto analistas que consideram as personalidades do ponto de vista estrutural, nós pensamos de outra forma. Nós sabemos que a estrutura de caráter da criança ao final do período de latência representa o resultado de grandes conflitos entre as forças do id e do ego. O equilíbrio interno alcançado, embora característico de cada indivíduo e precioso a ele, é apenas preliminar e precário. Ele não é seguido por um aumento quantitativo da atividade pulsional, nem por mudanças na qualidade dos impulsos que estão inseparáveis na puberdade. Conseqüentemente, ela tem que ser abandonada para que uma sexualidade adulta se integre na personalidade do indivíduo. O assim chamado turbilhão da adolescência não é mais que um indício exterior de que estão ocorrendo tais ajustamentos internos. (FREUD, A., 1958, p. 264)

H. S. Sullivan (1892-1949): A teoria interpessoal do desenvolvimento

Harry Stack Sullivan era um neuropsiquiatra norte-americano que ficou conhecido por sua **teoria interpessoal** da psiquiatria. Ele considerava a personalidade como *um padrão relativamente constante de situações interpessoais recorrentes que caracteriza a vida humana* (SULLIVAN, 1953, p. 111), uma entidade hipotética que não pode ser isolada de situações interpessoais, sendo o comportamento interpessoal tudo o que se pode observar como personalidade. Neste sentido, o indivíduo não pode existir à margem de suas relações com as outras pessoas. Segundo Sullivan, o isolamento completo é sinônimo de morte. Enquanto vivemos, nós estamos interagindo com nossos mundos físico e social de um modo tão íntimo que se pudéssemos, por hipótese, nos isolar completamente do mundo físico e mental onde temos nosso ser, nossa vida sobre a terra seria uma questão de minutos. Estamos sempre interagindo *com* e *no* mundo; estamos sempre experimentando, somos nossa experiência.

A definição do **eu** está, portanto, vinculada a um conjunto de relações: uma pessoa pode ser, por exemplo, um pai, um filho, um irmão e primo, bem como amigo, namorado, amante, confidente, colega de trabalho, vizinho. Cada uma dessas relações recíprocas implica um **outro significativo** na autodefinição e na autocompreensão da pessoa. O termo interpessoal na teoria de Sullivan refere-se não só a pessoas reais, existentes no tempo e no espaço, mas também a personificações, imagens que o indivíduo tem de si mesmo ou de outras pessoas. Qualquer quadro de referência, seja constituído por pessoas reais, pessoas imaginárias, existentes apenas nos livros, no cinema ou na televisão, personificações ilusórias de pessoas reais, ou quaisquer outros objetos ou traços possuídos por seres humanos podem servir para a elaboração de uma situação interpessoal. Segundo Sullivan (1974, p. 23), *no que respeita a qualquer pessoa determinada, tem seu ser e suas respectivas manifestações consubstanciadas em outras pessoas que são significantes, por uma razão ou por outra para aquela pessoa...*

No campo da psicologia do desenvolvimento, as contribuições de Sullivan concentram-se na área das relações interpessoais. Um conceito importante em sua teoria é o de **dinamismo**, definido como o *padrão* relativamente estável de transformações de energia, que recorrentemente caracteriza as relações interpessoais. Uma transformação de energia é qualquer forma de comportamento manifesto, como falar e tocar, ou oculto e privado, como pensar e fantasiar. Por exemplo, quando uma pessoa se comporta de uma maneira habitualmente hostil em relação a uma outra pessoa, ela expressa um dinamismo de ódio. Sullivan identificou dois tipos de dinamismos de tensão importantes: os dinamismos *conjuntivos* (por exemplo, a necessidade de intimidade), que levam a uma união e que resultam na integração de uma situação e na redução de tensão, e os dinamismos *disjuntivos* (por exemplo, a ansiedade), que levam à desintegração psicossocial.

Ele descreveu uma seqüência de situações interpessoais às quais a pessoa é exposta, do início da vida até a idade adulta. Embora não rejeitasse os fatores biológicos como condicionantes do desenvolvimento da personalidade, ele os subordinava aos determinantes sociais do desenvolvimento psicológico. Ao mesmo tempo, reconhecia que as influências sociais podem ter efeitos prejudiciais quando se opõem às necessidade biológicas da pessoa.

Na concepção de estágios de Sullivan a ênfase recai sobre as necessidades interpessoais como uma força motivadora da vida e no dinamismo do *self* (ou auto-sistema), que amadurece na situação interpessoal. Ele definiu seis estágios no desenvolvimento da personalidade: *infância, meninice, idade juvenil, pré-adolescência, adolescência inicial e adolescência posterior*. Vamos examinar os três últimos estágios, que se referem diretamente ao desenvolvimento na adolescência.

Pré-adolescência

Ao contrário dos estágios anteriores, caracterizados por relacionamentos sociais amplos, este é um estágio marcado por uma necessidade de relacionamentos profundos, de intimidade interpessoal com um amigo do mesmo sexo. Sullivan utilizou o termo **isofilia,** para denominar este tipo de relacionamento do pré-adolescente. Segundo Sullivan, isofílico não significa homossexual, pois o dinamismo do apetite sexual ainda não amadureceu nesta época. O menino encontra um companheiro que também é menino, a menina uma companheira que também é menina. Quando isso ocorre, segue-se um grande incremento na validação consensual de símbolos, operações simbólicas, informações sobre a vida e o universo. O pré-adolescente aprende a ver a si mesmo por meio dos olhos do outro. Daí a validação consensual do próprio valor pessoal. É a época em que o menino tem um amigo especial (o amigo do peito, camarada), da mesma forma que a menina tem a amiga, confidente, aquela a quem pode revelar suas preocupações e segredos mais íntimos.

Adolescência inicial

Cada passo em um processo evolutivo tem como predicado o êxito da realização do passo anterior. O sucesso de qualquer período depende, também, da maturação das capacidades apropriadas a esse período. A maturação ocorre no devido tempo, quando existe o tipo adequado de ambiente.

Na teoria de Sullivan não só os primeiros estágios, mas todo e qualquer estágio é igualmente importante no desdobramento de possibilidades para as relações interpessoais, na curva de progresso desde o nascimento até a competência madura para viver em um mundo plenamente humano. Se a adolescência for *tratada com êxito, a pessoa ganha o auto-respeito adequado a quase todas as situações, com o respeito pelos outros que o competente auto-respeito acarrete, com a dignidade que convém à superior realização da personalidade competente e com a liberdade de iniciativa pessoal que representa uma adaptação confortável da própria situação pessoal às circunstâncias que caracterizam a ordem social de que se faz parte* (SULLIVAN, 1974, p. 28). Embora possa parecer que a maioria das pessoas "trata com êxito" a adolescência, a realidade deixa a desejar. A pré-adolescência, segundo Sullivan, foi o ponto mais próximo de uma vida humana sem perturbações, nem conflitos, a que chegou a maioria das pessoas. A partir daí, as tensões e os problemas da vida desvirtuaram-nas a ponto de se tornarem *caricaturas inferiores daquilo que poderiam ter sido* (SULLIVAN, 1974, p. 27). Desta forma, adolescência é conturbada devido à presença de alguns desafios novos e perturbadores que, no entender de Sullivan, a cultura ocidental pouco fez para amenizar.

Enquanto que o estágio anterior foi marcado pela necessidade de intimidade interpessoal, o presente estágio caracteriza-se pela erupção do *dinamismo do apetite sexual*, que se refere às pulsões associadas à satisfação genital. Com o advento da puberdade e das mudanças fisiológicas que ocorrem em seu corpo, o adolescente desenvolve uma necessidade nova, expressa pelo dinamismo do apetite sexual. Essa necessidade deve ser integrada com outra importante necessidade interpessoal, a necessidade de segurança, de manter-se livre da ansiedade. De acordo com Sullivan, essa é uma tarefa difícil na sociedade moderna, que tende a impor restrições às primeiras experiências sexuais dos jovens. A transição da necessidade de intimidade do período pré-adolescente para a necessidade de satisfação sexual pode acarretar choques de necessidades, criando problemas na adolescência. Repentinamente, espera-se que o jovem alcance o mesmo grau de intimidade com um membro do sexo oposto, transferindo sua afeição de alguém como ele (*isofilia*) para alguém do outro sexo, bastante diferente de si (*heterofilia*). O adolescente pode tornar-se confuso em virtude de toda a sua ansiedade a respeito da sexualidade, ou de um conjunto de estereótipos, adquiridos anteriormente, a respeito do sexo oposto. Para Sullivan, os altos e baixos, as grandes paixões e a inconstância durante a adolescência são resultado de dificuldades interpessoais, ao invés de conflitos internos. As ansiedades relativas à sexualidade são internas, mas apenas criam problemas para o jovem quando afetam seu relacionamento com os outros.

Uma das condições para a satisfação do apetite sexual é a intimidade, que foi definida por Sullivan como um sentimento de estreita ligação e ternura com o parceiro sexual. Às vezes, as pessoas cujos reveses da vida abalaram-nas de várias maneiras, não têm possibilidades de satisfazer essa necessidade de intimidade nos desempenhos sexuais, mas podem ocultar esse fato de si próprias e de outras com declarações apaixonadas de amor. Sullivan salienta que muitos dos conflitos da adolescência decorrem das necessidades opostas de gratificação sexual, de segurança e de intimidade. A adolescência inicial persiste até que a pessoa encontre algum padrão estável de desempenho que satisfaça o dinamismo do apetite sexual.

Adolescência posterior
Após ter definido sua opção sexual, o padrão específico dessa atividade continua durante o período da adolescência posterior, caracterizando-se por encontros casuais entre rapazes e moças, namoro, estabelecimento de um repertório mais maduro de relações interpessoais. Segundo Sullivan (1974, p. 297), *a adolescência posterior se estende da padronização da atividade genital aceita através de diversos processos educativos, para o estabelecimento de uma série de relacionamentos interpessoais completamente humanos ou maduros, como é possibilitado pelas oportunidades disponíveis, pessoais e culturais.*

Erik Erikson (1902-1994) e a teoria psicossocial

Erik Erikson estudou a problemática do desenvolvimento procurando compreender como as características psíquicas são adquiridas no decorrer da existência. Para ele, a estrutura de estágios da vida não é vista como um processo no qual tais características se revelam de diferentes modos ao longo do tempo. Erikson imagina, pelo contrário, uma seqüência de crises vitais, nas quais novas classes de problemas da realidade, envolvendo crescentemente o indivíduo em esferas sociais mais amplas, à medida que ele vai amadurecendo, manifestam forças separadas e distintivas em diferentes épocas da existência. Segundo sua teoria psicossocial (veja Capítulo 5), o desenvolvimento de um senso da própria identidade é uma tarefa indispensável na adolescência. Para que possa abandonar com êxito a segurança da dependência infantil relativamente aos outros, o adolescente deve ter alguma noção de quem é, para onde está indo e quais são as possibilidades de chegar lá.

O conceito de **crise de identidade**, formulado por Erikson, é útil para a compreensão do desenvolvimento do adolescente, mas é importante ressaltar que o problema da identidade não começa ou termina na adolescência. Trata-se de um processo que se estende ao longo de todo o ciclo vital, do nascimento até a morte.

Urie Bronfenbrenner (1917): Uma visão ecológica da adolescência

Os adolescentes não se desenvolvem num vácuo. Eles se desenvolvem inseridos nos múltiplos contextos de suas famílias, comunidades e países. Eles são influenciados pelos pares, pelos parentes e por outros adultos com os quais têm contato, bem como pelas organizações religiosas e pela escola. Eles também são influenciados pela mídia, pelas culturas nas quais cresceram e pelos eventos globais. Eles são parcialmente um produto das influências ambientais e sociais.

Bronfenbrenner (1979, 1987) desenvolveu um modelo ecológico para compreender as influências sociais. Como você pode ver na Figura 2.1, as influências sociais podem ser agrupadas numa série de sistemas que envolvem o adolescente, que se encontra no centro dos mesmos.

- A influência mais imediata foi denominada *microssistema* e inclui tudo aquilo que o adolescente tem contato imediato. Para muitos adolescentes, por exemplo, a família constitui o microssistema primário, seguido pelos amigos e pela escola. Outros componentes do microssistema são os serviços de saúde, as organizações religio-

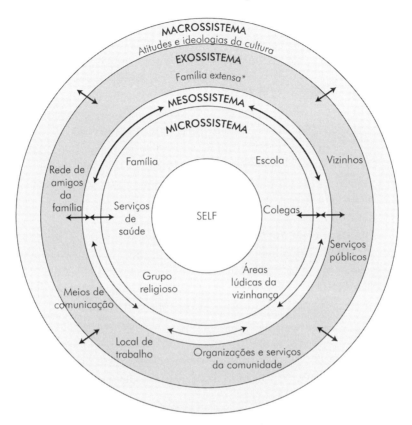

Figura 2.1 – Modelo Ecológico de Bronfenbrenner (1979).
* Termo técnico usado para denominar o grupo de pessoas que constituem o círculo familiar mais amplo.

sas, grupos de jogos da vizinhança e vários grupos sociais aos quais o adolescente pertence. O microssistema se transforma na medida em que o adolescente se move para dentro ou para fora de diferentes ambientes sociais. Por exemplo, quando um adolescente muda de escola, deixa de freqüentar a igreja ou a sinagoga, abandona algumas atividades e inicia outras. Geralmente, o microssistema do grupo de pares assume um papel preponderante durante a adolescência, na medida em que proporciona poderosas recompensas sociais em termos de aceitação, popularidade, amizade e *status*. O grupo de pares pode também exercer influências negativas, encorajando comportamentos de risco, abuso de drogas, furtos e mentiras. Um microssistema positivo oferece uma aprendizagem saudável e prepara o jovem para a vida adulta.

- **O *mesossistema*** envolve relações recíprocas entre conjuntos de microssistemas. Por exemplo, o que acontece na escola influencia o que acontece em casa e vice-versa. O desenvolvimento social de um adolescente pode ser compreendido melhor quando as influências de várias fontes são consideradas umas em relação com as outras. Uma análise do mesossistema pode consistir em olhar a freqüência, a qualidade e a influência de interações, como a relação das experiências familiares com o ajustamento escolar, ou a relação entre as características familiares e as pressões dos pares, ou o relacionamento entre as expectativas das instituições religiosas quanto ao sexo e a vida íntima do jovem.

- **O *exossistema*** é composto pelos cenários sobre os quais o adolescente não tem um papel ativo mas que, não obstante, exercem influências sobre ele. Por exemplo, o que acontece com seus pais no ambiente de trabalho influencia estes últimos que, por sua vez, irão influenciar o desenvolvimento do adolescente. Quando, por exemplo, a empresa na qual o pai trabalha decide transferi-lo para outra cidade, isto afeta a vida de toda a família. Da mesma forma, outros fatores como a mudança de currículo na escola ou a abertura ou fechamento de um centro de juventude pelo governo podem afetar o adolescente.

- **O *macrossistema*** inclui as ideologias, atitudes, padrões, valores e leis de uma determinada cultura. O macrossistema determina quem é um adulto e quem é um adolescente. Ele estabelece os padrões de atração física e comportamento de gênero, e influencia o estilo de vida e a saúde, como o hábito de fumar, por exemplo. Os padrões culturais podem diferir de um país para outro, ou entre grupos étnicos ou diferentes localidades em um mesmo país.

Desenvolvimento Físico na Adolescência

*Meu corpo não é meu corpo,
é ilusão de outro ser.*

Carlos Drummond de Andrade

As transformações morfológicas e funcionais da puberdade são controladas pelas **glândulas endócrinas**, aquelas cujas secreções são lançadas diretamente na corrente sangüínea, que através da produção de hormônios desempenham um papel fundamental no desenvolvimento físico durante a adolescência.

Os hormônios comandam o crescimento e as mudanças físicas na puberdade. A hipófise produz o hormônio que desencadeia a liberação de hormônios das outras glândulas. Por exemplo, a tireóide somente secreta tiroxina quando recebe um sinal, sob a forma de um hormônio específico estimulador de seu funcionamento, que é secretado pela hipófise. Após o nascimento, a taxa de crescimento é controlada, em grande parte, pelo hormônio da tireóide e pelo hormônio do crescimento da hipófise. O hormônio da tireóide é secretado em maiores quantidades durante os dois primeiros anos de vida, reduzindo-se a um nível mais baixo e vindo a permanecer estável até a adolescência.

As secreções dos testículos e ovários, bem como o andrógeno da supra-renal, permanecem em níveis extremamente baixos até por volta dos 7 ou 8 anos, quando este último começa a ser secretado. Esse é o primeiro sinal das mudanças da puberdade, que é sucedido por uma seqüência complexa de mudanças hormonais.

O momento certo dessas mudanças varia de uma criança para outra, mas a seqüência permanece a mesma. O processo tem início com um sinal do hipotálamo (veja a Figura 3.1), uma estrutura no cérebro que desempenha um papel vital na regulação de diversos comportamentos, como beber, comer e o comportamento sexual. No processo da puberdade, o hipotálamo envia um sinal para a hipófise, que, por sua vez, começa a secretar níveis maiores de hormônios gonadotróficos (dois nos homens, três nas mulheres). Esses estimulam o desenvolvimento dos testículos e dos ovários que, depois, começam a secretar mais hormônios, a testosterona nos meninos e o estradiol (uma forma de estrógeno) nas meninas. Segundo Nottelmann (1987), durante a puberdade, os níveis de testosterona aumentam 18 vezes nos meninos, ao passo que os de estradiol aumentam oito vezes nas meninas.

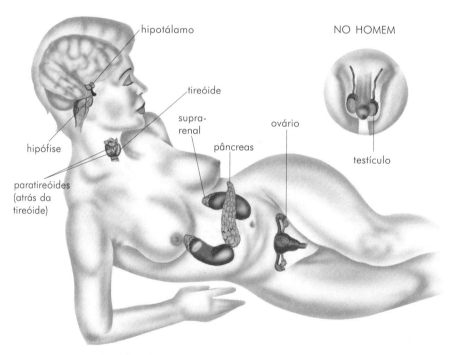

Figura 3.1 – *Principais estruturas ligadas ao desenvolvimento físico na adolescência. As glândulas endócrinas humanas na mulher; no homem, os ovários são substituídos pelos testículos.*
Fonte: UZUNIAN, A.; BIRNER, E. *Biologia, volume único.* 2. ed. São Paulo: HARBRA, 2004.

A hipófise secreta também três outros hormônios, que interagem com os hormônios específicos masculinos ou femininos e afetam o crescimento, embora essa interação seja diferente para os meninos e as meninas. O surto de crescimento e o surgimento de pêlos pubianos são mais influenciados pelo andrógeno da supra-renal nas meninas do que nos meninos. O andrógeno da supra-renal é quimicamente muito semelhante à testosterona, de modo que é necessário que um hormônio "masculino" produza o estirão nas meninas. No caso dos meninos, o andrógeno da supra-renal é menos importante, em virtude do fato de que eles já possuem, em sua corrente sangüínea, o hormônio masculino sob a forma de testosterona.

Essas mudanças hormonais refletem-se em dois conjuntos de mudanças físicas: o desenvolvimento de estatura e de peso, que transformam a criança em um adulto, e as transformações sexuais, que fazem dela um homem ou uma mulher capaz de se reproduzir.

Estatura

Nos primeiros anos de vida a altura do bebê aumenta muito rapidamente, acrescentando de 25 a 30 cm nesse período. A partir dos dois anos de idade, as crianças crescem mais lentamente a uma taxa firme. Um surto de crescimento rápido tem início com o dramático estirão da adolescência, desencadeado pelos grandes acréscimos dos hormônios do crescimento. Durante essa fase, a criança pode crescer de 7 a 15 cm por ano, durante vários anos. Após esse estirão, o adolescente aumenta sua altura e seu peso lentamente, até que seu tamanho final como adulto seja atingido, conforme mostram os gráficos 3.1 e 3.2 a seguir.

Forma e proporção

Simultaneamente, pelo fato de as diferentes partes do corpo da criança não crescerem no mesmo ritmo até um tamanho final adulto, a forma e a proporção do corpo do adolescente passam por uma série de mudanças. As mãos e os pés crescem mais cedo, seguidos pelos braços e pernas, sendo o tronco a parte de crescimento mais lento. Desse modo, as crianças primeiro perdem os sapatos, depois as calças e finalmente as camisas. Devido a essa assimetria nas partes do corpo, costumamos pensar nos adolescentes como "desengonçados" ou descoordenados.

Gráfico 3.1 – Controle da evolução pôndero-estatural em meninos.

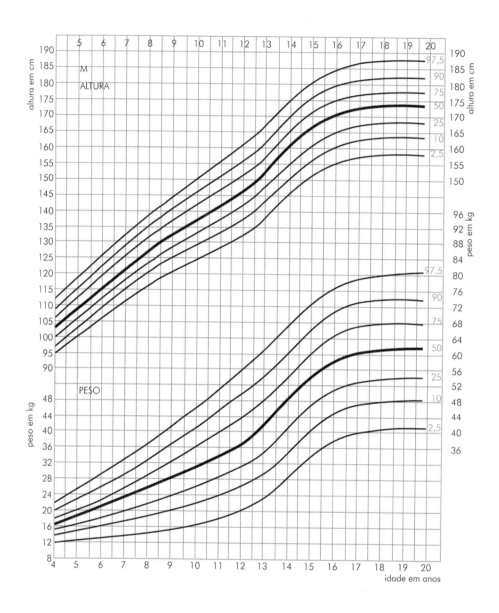

Fonte: MARQUES R. M.; MARCONDES. E.: BERQUÓ, E; PRANDI, R. & YUNES. J. – *Crescimento e Desenvolvimento Pubertário em Crianças e Adolescentes Brasileiros. II. Altura e Peso.* São Paulo: Editora Brasileira de Ciências, 1982.
Reproduzido com permissão.

Gráfico 3.2 – Controle da evolução pôndero-estatural em meninas.

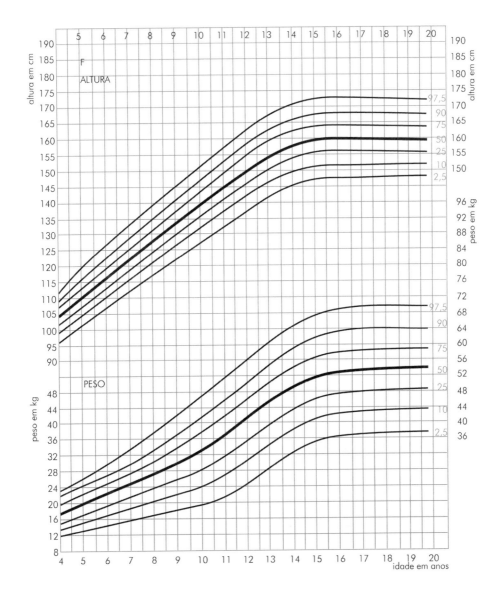

Fonte: MARQUES R. M.; MARCONDES. E.: BERQUÓ, E; PRANDI, R. & YUNES. J. – Crescimento e Desenvolvimento Pubertário em Crianças e Adolescentes Brasileiros. II. Altura e Peso. São Paulo: Editora Brasileira de Ciências, 1982.
Reproduzido com permissão.

A cabeça e rosto também mudam na meninice e na adolescência. Durante os anos da meninice o tamanho e a forma das arcadas de uma criança mudam, quando surgem os dentes permanentes. Na adolescência, ambas as arcadas crescem para a frente e a testa torna-se mais proeminente. Esse conjunto de mudanças costuma dar ao rosto dos jovens (especialmente ao dos meninos) uma aparência (óssea e angulosa) muito diferente do aspecto anterior.

As fibras musculares e os tecidos ósseos passam por um rápido crescimento na adolescência, espessando-se e adensando-se. Os adolescentes tornam-se mais fortes em poucos anos. Meninos e meninas apresentam esse aumento no tecido e força musculares, mas o aumento é muito maior nos meninos. Entre os adultos do sexo masculino cerca de 40% do total da massa corporal é músculo, comparado a apenas 24% nas mulheres adultas.

Essa diferença entre os sexos parece, em grande parte, conseqüência de diferenças hormonais. O contraste pode aumentar devido às variações nos níveis de exercício físico entre os adolescentes. Os meninos praticam mais esporte, movimentam mais o corpo, fazem mais exercício físico.

Se considerarmos o peso, produz-se um desenvolvimento rápido dos tecidos adiposos, que se localizam em algumas regiões, variando sobretudo em função do sexo. Essa *gordura subcutânea* é depositada pela primeira vez por volta da 34.ª semana no período pré-natal, ocorrendo seu primeiro pico ao redor dos nove meses após o nascimento. A espessura dessa camada de gordura reduz-se até aproximadamente 6 ou 7 anos, após o que se eleva até a adolescência.

Há uma grande diferença entre os sexos, no que diz respeito a esses padrões. O aumento de gordura é, em geral, mais acentuado na menina do que no menino, e sua localização dá ao corpo masculino e feminino sua forma específica. Desde o nascimento, as meninas apresentam um pouco mais de tecido adiposo do que os meninos, diferença que se torna gradualmente mais marcante durante a meninice, sendo particularmente evidente na adolescência. Durante e após a puberdade, as proporções de gordura aumentam entre as meninas e se reduzem entre os meninos, enquanto a proporção de tecido muscular cresce entre os meninos e declina entre as meninas.

Da mesma forma que ocorre com o tecido muscular, essa diferença entre os sexos quanto ao percentual de gordura pode ser atribuída, parcialmente, aos efeitos do estilo de vida ou ao nível de atividade. As garotas e as mulheres adultas que se dedicam às atividades atléticas, como, por exemplo, as corredoras de longa distância e as bailarinas, costumam apresentar níveis de gordura no corpo que se aproximam da média dos garotos. Por outro lado, quando comparamos meninos e meninas igualmente proporcionais quanto ao físico, os meninos ainda apresentam níveis mais reduzidos de gordura.

Os diferentes órgãos internos também se desenvolvem: o coração dobra o peso e quase dobra de volume, os pulmões aumentam de tamanho, sendo que se reduz a freqüência cardíaca durante a adolescência; os órgãos digestivos aumentam, o que talvez ajude a explicar o apetite espantoso dos adolescentes.

Tais mudanças são muito mais marcantes nos meninos do que nas meninas e explicam o aumento da capacidade para esforço constante por parte dos garotos. Antes dos 12 anos, meninos e meninas possuem força física, freqüência cardíaca e resistência semelhantes, e quando há diferença nessa idade ela já favorece os meninos, devido aos seus níveis baixos de gordura corporal. Após a puberdade, os meninos apresentam uma nítida vantagem em termos de força física, freqüência cardíaca e resistência.

O aparecimento dos caracteres sexuais secundários constitui um dos traços marcantes da adolescência, provocando reações tanto dos outros como do próprio indivíduo. O aparecimento da acne é um exemplo: ela está ligada ao aumento de atividade das glândulas sudoríparas e à insuficiência de sua drenagem, ocasionando depósitos que se acumulam sob a pele.

As mudanças hormonais na puberdade desencadeiam o desenvolvimento da maturidade sexual plena, o que inclui mudanças nas características sexuais primárias e secundárias. As transformações nas características primárias incluem o aumento do tamanho dos testículos e do pênis, nos meninos, e dos ovários, do útero e da vagina nas meninas. As mudanças nas características sexuais secundárias incluem o desenvolvimento das mamas nas meninas, e dos pêlos no corpo e rosto, além de mudanças na voz, nos meninos.

Cada uma dessas mudanças físicas ocorre em uma seqüência definida. Cada seqüência está normalmente dividida em cinco estágios, originalmente sugeridos por J. M. Tanner (1978). O *estágio 1* descreve a pré-adolescência; o *estágio 2*, os primeiros sinais de mudança na puberdade; os *estágios 3 e 4*, as etapas intermediárias, e o *estágio 5* as características adultas finais, conforme exemplificam as Figuras 3.2 e 3.3.

Desenvolvimento Puberal Masculino

Genitália

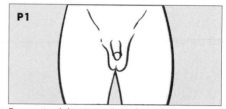
G1 — Pré-adolescência (infantil)

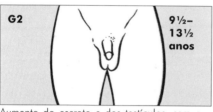
G2 — 9½–13½ anos
Aumento do escroto e dos testículos, sem aumento do pênis

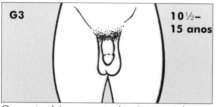
G3 — 10½–15 anos
Ocorre também aumento do pênis, inicialmente em toda a sua extensão

G4 — 11½–16 anos
Aumento do diâmetro do pênis e da glande, crescimento dos testículos e escroto, cuja pele escurece

G5 — 12½–17 anos
Tipo adulto

Pêlos Pubianos

P1
Fase pré-adolescência (não há pelugem)

P2 — 11–15½ anos
Presença de pêlos longos, macios, ligeiramente pigmentados, na base do pênis

P3 — 11¾–16 anos
Pêlos mais escuros e ásperos, sobre o púbis

P4 — 12–16½ anos
Pelugem do tipo adulto, mas a área coberta é consideravelmente menor que no adulto

P5 — 13–17 anos
Tipo adulto, extendendo-se até a face interna das coxas

Figura 3.2 – Desenvolvimento puberal masculino pelos critérios de Tanner.

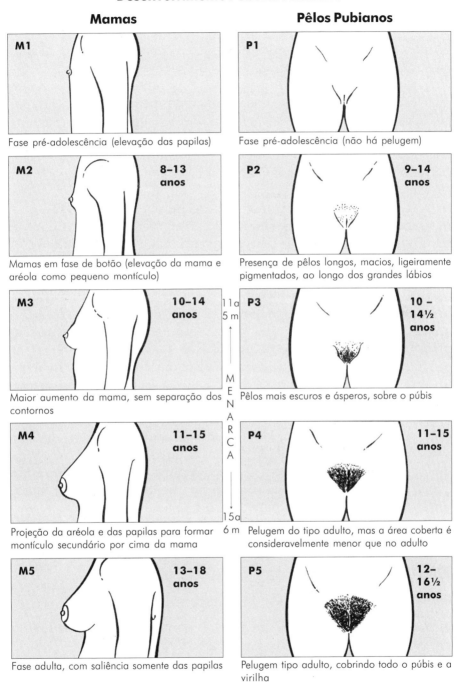

Figura 3.3 – Desenvolvimento puberal feminino pelos critérios de Tanner.

Desenvolvimento das características sexuais nas meninas

Estudos realizados em diversos países, com crianças antes dos 12 anos mostram que, nas meninas, as várias mudanças seqüenciais se organizam em um determinado padrão. As primeiras mudanças costumam ser o desenvolvimento das mamas e dos pêlos púbicos, seguidas pelo pico do estirão de crescimento. Somente então ocorre a primeira menstruação, acontecimento denominado *menarca*, sendo seguida apenas pelos estágios finais do desenvolvimento das mamas e dos pêlos púbicos. Você poderá visualizar toda a seqüência nas Figuras 3.2 e 3.3, das páginas seguintes.

Atualmente, entre as meninas de países industrializados, a menarca ocorre, em média, entre 12 anos e meio e 13 anos e meio, sendo que 95% de todas as garotas vivenciam esse evento entre os 11 e os 15 anos.

A menarca não significa maturidade sexual completa. É possível a concepção logo após a menarca, mas a irregularidade constitui a norma durante algum tempo. Em cerca de 3/4 dos ciclos, no primeiro ano, e em metade dos ciclos, no segundo e terceiro anos após a menarca, não há produção de óvulos.

Essa irregularidade inicial, tanto na ovulação quanto no momento certo para o ciclo menstrual, possui algumas conseqüências de ordem prática para as jovens sexualmente ativas. De um lado, tal irregularidade contribui para a falsa crença de muitas meninas adolescentes de que não irão engravidar porque ainda são jovens demais. Paralelamente, a irregularidade menstrual torna pouco confiável qualquer forma de contracepção com base no ritmo do ciclo, mesmo entre aquelas poucas adolescentes com conhecimento básico sobre reprodução que lhes possibilite saber que o momento da ovulação é, normalmente, o de maior fertilidade.

Desenvolvimento das características sexuais nos meninos

Nos meninos, tal como nas meninas, o ponto de pico no estirão do crescimento costuma ocorrer bastante tarde na seqüência.

Os dados de Malina (1990) sugerem que, em média, um garoto completa os primeiros estágios do desenvolvimento genital e do desenvolvimento dos pêlos púbicos antes de ter atingido o pico do crescimento.

O desenvolvimento de barba e as mudanças na voz ocorrem próximo ao final da seqüência. Não está totalmente esclarecido exatamente quando, nessa seqüência, o garoto começa a produzir esperma *viável*, embora as evidências disponíveis situem esse evento em algum momento entre os 12 e 14 anos, comumente *antes* de o garoto ter atingido o pico do surto de crescimento.

Duas coisas são especialmente interessantes acerca dessas seqüências. Primeiro, as meninas estão, claramente, dois anos adiantadas em relação aos meninos, nesse processo desenvolvimental. Vocês podem lembrar-se do tempo em que estavam na segunda metade do Ensino Fundamental, quando as garotas ficaram, repentinamente, mais altas do que os garotos e apresentaram os primeiros sinais das características sexuais secundárias, ao passo que os meninos estavam ainda, definitivamente, na fase pré-puberdade. Além disso, ao mesmo tempo em que a ordem de desenvolvimento parece constante, *dentro* de cada seqüência (como o desenvolvimento das mamas ou dos pêlos púbicos) há bastante variação. Apresentamos o padrão normal ou médio, mas cada jovem pode desviar-se da norma. Por exemplo, um garoto pode encontrar-se no início do desenvolvimento dos genitais, mas já apresentar pêlos púbicos; uma garota pode ter passado pelos vários estágios de desenvolvimento dos pêlos púbicos, antes que ocorram as primeiras mudanças claras nas mamas, ou ter a menarca muito mais cedo do que seria normal na seqüência de desenvolvimento. Os fisiologistas ainda não descobriram por que isso ocorre, mas trata-se de um elemento importante para se ter em mente quando se está tentando fazer alguma previsão acerca de determinado adolescente.

Transtornos alimentares na adolescência

Os adolescentes têm menos doenças graves do que as crianças em geral, embora as taxas de mortalidade e acidentes sejam elevadas nessa idade, em parte devido a comportamentos de risco. Muitas mortes de adolescentes devem-se a acidentes envolvendo automóveis e motocicletas. Muitos dos acidentes fatais são causados, não por inabilidade na direção dos veículos, mas por comportamentos de risco, como velocidade excessiva, muita proximidade de outros veículos ou consumo de álcool na direção.

Atualmente observa-se uma freqüência alta de dois transtornos alimentares: a anorexia nervosa e a bulimia, que se tornaram surpreendentemente comuns entre as meninas adolescentes de vários países ocidentais.

A **anorexia nervosa** é caracterizada por uma procura incansável pela magreza, um comportamento voltado a uma intensa e auto-induzida perda de peso, um medo exagerado de engordar, uma imagem distorcida do corpo, amenorréia (interrupção da menstruação) e uma recusa implacável a manter o peso corporal. Entre 10 e 15% das jovens com anorexia, literalmente, passam fome exagerada até a morte.

A incidência dessa doença é de difícil estabelecimento. A melhor estimativa atual é a de que ela afete entre 0,5 e 1% das meninas ou jovens mulheres, embora ela seja bastante mais comum entre subgrupos que estejam sob pressão para manter magreza exagerada, como as modelos e as bailarinas. Segundo Mary Pipher (1998, p. 251), *a anorexia é um problema da civilização ocidental, um problema para os prósperos... a anorexia é tanto o resultado da norma cultural de que as mulheres jovens devem ser lindas quanto um protesto contra ela. De início, a jovem luta para ser magra e linda; mas, depois de algum tempo, a anorexia ganha vida própria.* A anorexia é um transtorno de tratamento difícil, podendo levar à morte.

A **bulimia** é outro transtorno alimentar muito comum entre as jovens. Caracteriza-se pela preocupação exagerada em relação ao peso e por episódios recorrentes de ingestão de alimentos, com pouco ou nenhum prazer, acompanhados de uma sensação subjetiva de perda de controle. Esses episódios podem ser alternados com a indução ao vômito, o uso de laxativos e o excesso de exercícios físicos para neutralizar os efeitos dos abusos alimentares. Períodos alternados de limitação e excesso de alimento são comuns entre os indivíduos em todos os grupos de peso. Somente quando o excesso alimentar é combinado com alguma espécie de expurgo é que o transtorno costuma ser conhecido como *bulimia*.

A incidência de bulimia parece ter aumentado rapidamente nas últimas décadas, especialmente entre jovens e mulheres adultas jovens. As estimativas atuais variam muito, embora todos concordem com que, no mínimo, 5%, e, talvez, 18% das adolescentes sejam bulímicas. Contrastando, menos de 1% dos homens, em idade de curso universitário, apresentam essa síndrome.

Com o passar do tempo, as jovens bulímicas correm o risco de desenvolver graves problemas de saúde, como desgaste dos dentes, lacerações do esôfago, perturbações gastrintestinais e, algumas vezes, desequilíbrios eletrolíticos no organismo. Segundo Mary Pipher (1998, p. 245), *elas experimentam transformações da personalidade à medida que passam a gostar mais de comer do que de qualquer outra coisa. Tornam-se obsessivas e cheias de segredos, motivadas por mais uma ocasião para a "farra" e sentindo culpa por esse hábito. Ficam deprimidas por sua falta de controle. Com freqüência são irritadiças e esquivas, especialmente com membros da família.*

As causas desses dois transtornos estão associadas a uma combinação complexa de fatores biológicos, psicológicos e socioculturais. Há uma discrepância entre a imagem corporal que a pessoa tem e a imagem ideal desejada e valorizada socialmente. Nesses casos extremos há uma alteração na maneira como ela percebe o próprio corpo. Ambos os transtornos parecem estar aumentando em freqüência, devido à valorização, em vários países ocidentais, de um corpo longilíneo, como sendo o ideal. Desde muito cedo as garotas adolescentes, muito mais do que os meninos, são explícita e implicitamente bombardeadas com informações sobre a importância de manterem-se bonitas, atraentes e, principalmente, magras.

Pesquisas recentes, por exemplo, mostram que cerca de 3/4 das adolescentes já fizeram dieta ou estão em dieta alimentar, ao passo que isso raramente ocorre entre os meninos.

Enquanto a anorexia pode ter início por volta da sétima série, a bulimia tende a surgir mais para o final da adolescência. Ao contrário das anoréxicas que são perfeccionistas e controladas, as bulímicas são impulsivas e têm a impressão de estar cronicamente descontroladas.

Tanto as jovens bulímicas como as anoréxicas foram excessivamente socializadas para cumprir o papel feminino prescrito pela sociedade patriarcal. As garotas que aceitam mais completamente e internalizam esse modelo de beleza são as mais propensas a apresentar bulimia ou anorexia. Por exemplo, Ruth Striegel-Moore e colegas (1986) descobriram que garotas e mulheres com bulimia tendem a concordar, mais do que aquelas que não apresentam o transtorno, com afirmações do tipo: "Ser atraente aumenta a probabilidade de sucesso profissional".

Tanto a bulimia quanto a anorexia parecem se desenvolver na adolescência, e não antes, exatamente pelo fato de um dos efeitos da puberdade ser um aumento na quantidade de gordura no corpo das meninas. Isso é sobremaneira válido para as meninas com desenvolvimento precoce, que caracteristicamente adquirem e retêm níveis de gordura mais elevados do que as meninas que amadurecem mais tarde. Uma garota com amadurecimento precoce que acredite piamente que a magreza seja essencial para a beleza e que esta seja fundamental para a felicidade, especialmente se ela vê seu corpo não conseguindo satisfazer um padrão que ela internalizou, corre um risco bastante alto de ter bulimia ou anorexia. Estes dados realçam a importância dos processos cognitivos no desenvolvimento do adolescente no que se refere às questões de saúde, auto-estima e comportamento social.

ADOLESCÊNCIA E AUTO-IMAGEM: A INFLUÊNCIA DA MÍDIA

A relação com o próprio corpo influencia o processo de formação de identidade para o adolescente. As constantes transformações ocorridas na puberdade causam, em um primeiro momento, certo estranhamento que exige reformulações da auto-imagem. Cria-se uma gama de expectativas quanto à forma e efeitos deste novo corpo. O reconhecimento de suas qualidades, defeitos e ideais e aspirações vão modular a autoconfiança do adolescente que assumirá comportamentos mais introvertidos ou expansivos, reforçados ou não pelo grupo social (aceitação/rejeição).

A aparência passa a ser muito valorizada uma vez que a opinião do outro torna-se elemento fundamental para a interação. O grupo tem um papel regulador que funciona como um espelho refletindo as características comuns e aumentando a segurança. Ao mesmo tempo, evidencia as diferenças e particularidades que contribuirão para o auto-conhecimento e para a formação da identidade.

A necessidade de busca pelo corpo ideal, que passa pela aceitação do grupo, tem sido construída em grande parte pela mídia. Atingir a expectativa de um corpo perfeito funciona como um ingresso no meio social e estímulo à auto-confiança.

A TV e os editoriais de moda associam a juventude à beleza e à conquista de reconhecimento e *status* social. Os estereótipos de perfeição física estão relacionados a padrões de estética e seguem regras rígidas que variam de acordo com cada época. ➤

➤ Hoje, o corpo magro e malhado, com formas perfeitas, é considerado belo, e o destoante é desvalorizado e rejeitado. Jovens com sobrepeso ou não condizentes ao modelo estabelecido podem apresentar dificuldade de integração social e conseqüências na auto-estima.

A imposição dos meios de comunicação inclui a sensualidade. O apelo sexual imposto dita comportamentos precocemente hipersexualizados que, na maior parte das vezes não são acompanhados de maturidade. São encorajadas aproximações físicas nem sempre correspondidas, podendo fazer o adolescente se sentir inadequado, pouco atraente e inseguro, o que pode trazer implicações na identidade sexual em formação.

Uma possibilidade de reação do jovem é a de se opor aos padrões, assumindo postura e marcas diferentes como elemento de identificação grupal. O uso de tatuagens, "piercings" e "body modifications" (talhar partes do corpo para demarcar momentos da vida) têm se tornado práticas freqüentes que expressam respostas à exigência social e alternativa na busca de auto-afirmação.

Tanta pressão e cobrança podem gerar distorções na auto-imagem trazendo conseqüências psicológicas e psicopatológicas. A busca por interferir no processo de mudança, adequando o corpo ao modelo esperado, traz um aumento significativo no número de cirurgias plásticas, a preocupação exagerada com perda de peso, a presença de transtornos alimentares, o abuso de cosméticos e o uso de anabolizantes nesta faixa etária, além de comportamentos nocivos à saúde.

A insatisfação e formação da auto-imagem negativa geram dificuldades relacionais e quadros depressivos que, por vezes, requerem intervenções psicoterapêuticas. Orientações baseadas em diálogos e valorização das particularidades de cada um podem favorecer a formação da auto-imagem positiva que contribua para uma vida emocional e social saudável, respeitando as diferenças individuais que facilitem o enfrentamento da transição da adolescência no processo de formação de identidade.

Fernanda Gouveia Paulino
Psicóloga hospitalar e professora
do Departamento de
Psicologia do Desenvolvimento da PUC-SP.

Atividades

ROTEIRO PARA OBSERVAR E REGISTRAR OS COMPORTAMENTOS DE ADOLESCENTES EM *SHOPPING CENTERS*

Sugerimos a observação dos comportamentos em *shopping centers*, pois estes locais são muito freqüentados pelos adolescentes das grandes cidades, principalmente nos fins de semana. Outros ambientes, como danceterias e parques de diversões, também podem ser utilizados para tais observações, mas pode ocorrer que observadores não sejam bem recebidos nessas casas.

1. Quais lojas são dirigidas ao público adolescente? No que elas se diferenciam das demais? Que produtos são comercializados?

2. Verifique os pontos de alimentação e de reunião. Descreva-os.

3. Como os jovens se comportam nesses locais?

4. Descreva o modo como eles se vestem. Há diferenças entre os diversos grupos?

5. Observe a linguagem corporal dos adolescentes e das adolescentes. Há diferenças? Em caso positivo, quais?

6. Registre o vocabulário utilizado e a freqüência de gírias.

7. Observe e descreva a movimentação dos adolescentes pelo *shopping*.

Desenvolvimento Cognitivo na Adolescência

O que se observa depende do observador.

Humberto Maturana

A propriedade principal do pensamento operatório formal é a distinção entre o **real** e o **possível**. A criança amplia suas habilidades de raciocínio operacional concreto para os objetos e as situações que ela não tenha visto ou vivenciado em primeira mão, ou que ela não possa ver ou manipular diretamente. Ao contrário da criança que se encontra no período operacional concreto, o adolescente, ao começar a examinar um problema com que se defronta, tenta imaginar todas as relações possíveis que seriam válidas no caso dos dados em questão para, em seguida, combinando procedimentos de experimentação e de análise lógica, verificar quais destas relações possíveis são realmente verdadeiras. Segundo Piaget:

> O pensamento formal é essencialmente hipotético-dedutivo: a dedução não mais se refere diretamente a realidades percebidas, mas a enunciados hipotéticos, isto é, a proposições que se referem a hipóteses ou apresentam dados apenas como simples dados, independentemente de seu caráter real: a dedução consiste, então, em ligar essas suposições e delas deduzir ➤

➤ suas conseqüências necessárias, mesmo quando sua verdade experimental não ultrapassa o possível. É essa inversão de sentido entre o real e o possível que, mais que qualquer outra propriedade subseqüente, caracteriza o pensamento formal: em vez de apenas introduzir um início de necessidade no real, como ocorre nas inferências concretas, realiza desde o início a síntese entre o possível e o necessário, deduzindo com rigor as conclusões de premissas, cuja verdade inicialmente é admitida apenas por hipótese, indo assim do possível ao real. (PIAGET, 1970, p. 188)

Essa habilidade é fundamental, caso o adolescente deva pensar de maneira sistemática sobre o futuro. O desenvolvimento do pensamento do adolescente lhe permite construir situações ideais, diversas da realidade. Por exemplo, frente ao seguinte problema: "Uma galinha branca põe ovos brancos, uma galinha vermelha põe ovos vermelhos. De que cor seriam os ovos de uma galinha azul?" É possível que uma criança do período anterior simplesmente respondesse que não existem galinhas azuis. O adolescente pode aceitar, por hipótese, uma premissa diferente da realidade factual e continuar seu raciocínio. Neste sentido, o futuro passa a ser tão real quanto o presente. O adolescente pode *pensar* sobre opções e possibilidades, *imaginar-se* em papéis diferentes: indo ou não à universidade, casando-se ou não, tendo filhos ou não. Ele é capaz de imaginar conseqüências futuras de ações que deve empreender agora, possibilitando uma espécie de planejamento a longo prazo.

MEUS PLANOS PARA O FUTURO

Cláudia, 14 anos

Se eu pudesse criar uma cidade ou talvez um território, ou ainda um país... Este país seria do jeito que eu gosto, florido, colorido, alegre, feliz. Existiriam muitos animais, que serviriam apenas para fazer companhia para as pessoas do ➤

> meu mundo. Eles não seriam mortos para servirem de alimento, nem seriam utilizados para condução.

Todas as pessoas se conheceriam, não haveria limites do que se pode e do que não se pode fazer. Dizem que se você der liberdade demais às pessoas, elas abusam; mas esse não seria o caso no meu mundo, pois as pessoas não saberiam o que é desobedecer, porque não haveria leis para serem seguidas ou obedecidas. Não haveria comércio, pois todos dariam e receberiam de tudo, que seria de todos.

Pensando bem, é impossível existir alguém que não saiba o que são leis. Por isso o meu mundo seria constituído de uma só família, que não saberia da existência do mundo atual e que daria origem a todo o resto.

Se eu vivesse afastada da civilização, seriam estas as minhas fantasias sobre o futuro; porém, eu estou vivendo na civilização, se é que se pode chamar este mundo de civilizado. Afinal, quem teria civilização seriam os habitantes do meu mundo imaginário. Então meus planos não são nada mais do que ter uma vida calma, sem obrigações, uma vida minha.

Eu já pensei em ser detetive particular, depois em ser psicóloga. Mas me disseram que a vida nestas profissões pode ser difícil. Então pensei em ser artista, brilhar nas telas para que todos me apreciassem. Além do mais, poderia representar a detetive num dia, a psicóloga no outro. Porém, refleti sobre esse desejo e percebi que a fama, por menor que seja e por menos que a pessoa queira, acaba sendo um problema, estragando a vida.

Trocando em miúdos, como diz minha professora, eu não tenho planos, a vida vai seguindo seu curso. Mas, na minha cabeça eu já estou fazendo planos para sonhar com meu mundo.

Em suas pesquisas sobre o pensamento adolescente, Piaget e Inhelder demonstraram algumas das diferenças do pensamento adolescente em relação ao pensamento das crianças. O adolescente é capaz de lidar com a lógica combinatória e com problemas em que diversos fatores atuam simultaneamente. Um exemplo é a resolução do problema de arranjar quatro fichas coloridas em todas as combinações possíveis. A maioria dos adolescentes pode formar facilmente todas essas combinações, ao contrário das crianças do período anterior.

Um outro aspecto que diferencia o pensamento do adolescente do pensamento da criança é sua capacidade de utilizar um segundo sistema de símbolos, um conjunto de símbolos para símbolos. É por essa razão que não se ensina Álgebra às crianças dos quatro primeiros anos do Ensino Fundamental. O pensamento do adolescente se torna muito mais flexível com essa nova capacidade. Ele pode utilizar metáforas, sendo capaz de entender que as palavras podem ter mais de um significado, podem ter múltiplos sentidos. Essa característica torna possível ao adolescente encarar seu próprio pensamento como um objeto, podendo refletir a respeito de si mesmo, de seus próprios pensamentos, idéias e preocupações.

Uma das conseqüências da capacidade de lidar com a lógica combinatória e considerar todos os fatores possíveis de uma situação ao solucionar um problema é que, muitas vezes, em situações sociais, tomar uma decisão pode tornar-se difícil para o adolescente.

A capacidade de pensar sobre o pensamento, de olhar para dentro, também é um elemento novo. O adolescente pode agora tornar-se objeto de si mesmo, avaliar-se a partir do exterior, com relação a sua aparência, inteligência e características de personalidade.

O pensamento operacional formal torna possível ao adolescente não somente conceituar o seu pensamento, mas também conceituar o pensamento de outras pessoas. Esta capacidade é o ponto principal do **egocentrismo adolescente**, porque, embora ele possa conhecer os pensamentos dos outros, não consegue diferenciar os objetos para os quais são dirigidos esses pensamentos dos objetos que são foco de sua própria preocupação. Uma vez que não consegue distinguir o que os demais estão pensando de suas próprias preocupações, ele presume, por exemplo, que as pessoas estão tão obcecadas pela sua aparência como ele próprio. O egocentrismo do adolescente caracteriza-se, portanto, por sua crença de que as outras pessoas estão preocupadas com a aparência e o comportamento dele. Em muitas ocasiões sociais, o jovem antecipa para si mesmo as reações de outras pessoas, na suposição de que estas são tão críticas ou admiradoras quanto ele é de si mesmo. Ele constrói uma espécie de audiência imaginária, acreditando que será sempre o foco de atenção.

Quando o jovem é muito crítico em relação a si mesmo, imagina que a audiência também será crítica. Como essa audiência é construída por ele mesmo é evidente que aqueles aspectos mais suscetíveis é que serão observados. O desejo de privacidade do adolescente constitui uma reação ao sentimento de estar sob o olhar crítico das outras pessoas. Assim, o sentimento que mais preocupa o adolescente é a vergonha, a reação a uma audiência.

Alguns adolescentes, no entanto, mesmo que sejam críticos, também admiram a si mesmos, tornando a audiência mais afetuosa. Essa dificuldade em diferenciar o que ele crê ser atraente e o que os outros admiram é responsável por muito da extravagância desses jovens no que diz respeito ao vestuário, aos cortes e colorações dos cabelos.

O egocentrismo se manifesta também em relação ao sexo oposto. O jovem fica horas cuidando do visual, imaginando as reações que provocará nas garotas, enquanto estas passam horas decidindo o que irão vestir e o tipo de maquiagem que usarão. Quando finalmente se encontram, cada um está mais preocupado em ser observado do que em observar o outro. É possível imaginar o que ocorre numa festa de adolescentes, onde cada um se julga o centro das atenções.

O desenvolvimento do julgamento moral

Um aspecto do desenvolvimento cognitivo estudado por Piaget e por outros pesquisadores é o raciocínio da criança sobre questões morais. De que maneira uma criança decide entre o bem e o mal, o certo ou errado, em seu comportamento e no dos outros? Em várias ocasiões você precisa fazer esse julgamento, tal como ocorre na vida diária: você deveria devolver ao caixa da loja o excesso de troco que ele lhe deu? Você deve denunciar um colega que você viu colando em uma prova? E quanto a alguém que mente em uma entrevista para emprego? Seu julgamento modifica-se se você sabe que a pessoa necessita do trabalho para o sustento de um filho doente?

Tais perguntas não são relevantes somente na adolescência e na vida adulta. Crianças menores também fazem esses julgamentos. Entretanto, pelo fato de várias mudanças fundamentais no raciocínio moral coincidirem com a adolescência ou com o surgimento das operações formais, trata-se de um bom momento para estudar esse assunto.

Os estágios do raciocínio moral de Lawrence Kohlberg

Piaget foi o pioneiro no estudo do desenvolvimento do raciocínio moral (PIAGET, 1932), mas o teórico do desenvolvimento cujo trabalho causou o maior impacto foi Lawrence Kohlberg (1964, 1976, 1980, 1981; COLBY *et al.*, 1983), que foi além da formulação original piagetiana. Ele criou um método de avaliação do raciocínio moral, apresentando a um sujeito uma série de dilemas, sob a forma de histórias, sendo que cada um deles salientava uma questão moral específica, como o valor da vida humana. Um dos mais famosos dilemas é o de Heinz:

> Na Europa, uma mulher estava para morrer, devido a um tipo específico de câncer. Havia uma droga que os médicos acreditavam poderia salvá-la. Tratava-se de uma forma de rádio que um farmacêutico havia descoberto recentemente, na mesma cidade. Era uma droga de preparo caro, mas o farmacêutico cobrava 10 vezes mais o que realmente custava seu preparo. Ele pagava US$ 200 pelo rádio e cobrava US$ 2.000 por uma dose pequena da medicação. O marido da doente, Heinz, visitou todos os seus conhecidos para pedir emprestado algum dinheiro, mas só conseguiu juntar US$ 1.000, metade do custo. Ele contou ao farmacêutico que a esposa estava morrendo e pediu-lhe que vendesse mais barato ou que permitisse o pagamento mais tarde. O homem respondeu: "Não, descobri a droga e vou enriquecer com ela". Heinz, então, desesperou-se, voltou à noite e arrombou a loja para roubar a droga para a esposa.

Depois de ouvir a história, a criança ou o jovem eram entrevistados e respondiam a uma série de questões: Heinz deveria ter roubado a droga ou não? E se ele não amasse a esposa? Isso faria alguma diferença? E se a pessoa à morte fosse uma estranha? Heinz ainda assim roubaria a droga?

Baseado nas respostas a dilemas desse tipo, Kohlberg formulou **três níveis de raciocínio moral**, com dois subestágios em cada um, conforme resumo na Tabela 4.1.

Tabela 4.1 – Estágios de Kohlberg sobre o desenvolvimento moral.

NÍVEL I: MORALIDADE PRÉ-CONVENCIONAL
Estágio 1: Moralidade heterônima, orientação para a obediência e a punição. A criança decide sobre o que é certo, com base naquilo pelo que ela é punida. A obediência é valorizada por si só, mas a criança obedece porque os adultos estão em superioridade.
Estágio 2: Moralidade instrumental, individualismo, hedonismo instrumental e troca. A criança segue regras, quando se tratar de algo de seu interesse imediato. O que é bom é o que traz resultados prazerosos. O certo é o justo, o que constitui uma troca legal, um acordo, um trato.
NÍVEL II: MORALIDADE CONVENCIONAL
Estágio 3: Moralidade do "bom menino", expectativas mútuas nas relações e conformismo interpessoal. A família ou pequeno grupo a que pertence a criança torna-se importante. Ações morais são aquelas que atendem às expectativas alheias. "Ser bom" torna-se importante por si só, e a criança, geralmente, valoriza a confiança, a lealdade, o respeito, a gratidão e a manutenção das relações mútuas.
Estágio 4: Moralidade da lei e ordem. Uma mudança no foco, da família e grupos próximos do jovem para a sociedade em geral. O indivíduo deve cumprir os deveres com os quais concordou. As leis são para ser preservadas, a não ser em casos extremos, em que elas entram em conflito com outras. Contribuir para com a sociedade é valorizado.
NÍVEL III: MORALIDADE COM PRINCÍPIOS OU PÓS-CONVENCIONAL
Estágio 5: Raciocínio do contrato social, utilidade e direitos individuais. Agir de modo a alcançar o *bem maior para o maior número de pessoas*. O indivíduo está consciente da existência de visões e valores diferentes e que estes são relativos. As leis e as regras devem ser preservadas para que se mantenha o contrato social, mas elas podem ser mudadas. No entanto, alguns valores básicos não relativos, como a importância da vida e da liberdade, devem ser preservadas de qualquer maneira.
Estágio 6: Princípios éticos universais. O adulto escolhe e segue princípios éticos, que estão baseados em princípios universais de justiça, para determinar o que é certo. Pelo fato de as leis, normalmente, estarem em conformidade com tais princípios, elas devem ser obedecidas; entretanto, se lei e consciência entrarem em conflito, esta última predominará. Nesse estágio, os princípios éticos seguidos são parte de um sistema de valores articulado e integrado, analisado com cuidado e consistentemente seguido.

Adaptado de Kohlberg (1976).

No Nível I, o da *moralidade pré-convencional*, os julgamentos da criança (do adolescente, ou do adulto) baseiam-se em fontes de autoridade que estejam próximas e sejam fisicamente superiores a ela – comumente, os pais e as autoridades. Pelo fato de as descrições dos outros, nessa mesma faixa etária, serem bastante externas, os padrões que a criança utiliza para julgar o certo e o errado são mais externos do que internos. É o resultado ou a conseqüência de suas ações que determina a correção ou o erro das mesmas.

No Estágio 1 desse mesmo nível – o da *orientação sobre a punição ou obediência* – o indivíduo confia nas conseqüências físicas de alguma ação para decidir se ele está certo ou errado. No caso de ser punido, o comportamento estava errado; se não for punido, estava certo. Ele obedece porque os outros são maiores e mais fortes.

No Estágio 2 – do *individualismo, do hedonismo instrumental e da troca* – a criança começa a operar em relação ao princípio de que deve fazer as coisas que tragam recompensa e evitar aquelas que tragam punição. Por tal motivo esse estágio pode ser chamado de *hedonismo ingênuo:* se dá prazer, é bom. Há alguma preocupação com as outras pessoas, mas apenas se tal preocupação puder ser expressa como algo que beneficie também a própria criança em acordos do tipo "se você me ajudar, eu o ajudo".

Como exemplo, eis algumas respostas às variações do dilema de Heinz, retiradas de estudos de crianças e adolescentes, classificadas no Estágio 2:

> Ele deveria roubar o alimento para a esposa, porque, se ela morresse, ele deveria custear o funeral, o que é muito caro.
>
> (Taiwan)

> Ele deveria roubar a droga, porque ele deveria proteger a vida da esposa, de modo a não ficar sozinho na vida.
>
> (Porto Rico)

No Nível II, o *da moralidade convencional*, ocorre uma mudança dos juízos com base nas conseqüências externas e ganhos pessoais, para juízos com base em regras ou normas de um grupo ao qual o indivíduo pertença, seja o da família, o dos amigos, uma igreja, um país. Aquilo que o grupo de referência escolher como certo ou bom será internalizado por ele.

O Estágio 3 (o primeiro do Nível II) é o das *expectativas interpessoais mútuas, das relações e do conformismo interpessoal* (por vezes chamado de *estágio do bom menino*). As crianças, nesse estágio, acreditam que o bom comportamento é o que agrada às demais pessoas. Elas valorizam a confiança, a lealdade, o respeito, a gratidão e a manutenção das relações mútuas. Andy, um garoto entrevistado por Kohlberg, no Estágio 3, disse:

> Tento fazer as coisas para meus pais, pois eles sempre fazem as coisas para a gente. Tento fazer tudo que minha mãe diz, tento agradá-la. Por exemplo, ela quer que eu seja médico e eu quero também, e ela está me ajudando a chegar lá. (KOHLBERG, 1964, p. 401)

Uma outra marca desse terceiro estágio é o fato de que a criança começa a fazer juízos com base nas intenções e no comportamento exterior. Se alguém "pretendia fazer algo bom" ou "não queria fazer determinada coisa", seu ato errado é entendido como menos grave do que o tê-lo feito "intencionalmente".

O Estágio 4, o segundo do nível convencional, mostra que a criança está se voltando para grupos maiores em relação às suas normas. Kohlberg denominou esse estágio como o do *sistema e consciência sociais*, chamado também de *orientação para a lei e a ordem*. O raciocínio das pessoas, nesse estágio, focaliza o cumprimento do dever, o respeito à autoridade, a fidelidade às leis e regras. A ênfase recai menos naquilo que agrada a determinadas pessoas (como no Estágio 3) e mais no respeito a um conjunto complexo de regulamentos, que não são questionados.

A transição para o Nível III, da *moralidade com princípios* (também chamado de *raciocínio moral pós-convencional*), é marcada por várias mudanças, sendo a mais importante a troca na fonte de autoridade. No Nível I, a autoridade é vista como totalmente exterior ao indivíduo; no Nível II, os juízos ou regras da autoridade exterior são internalizados, embora não sejam questionados ou analisados; no Nível III, uma nova espécie de autoridade pessoal surge, em que são feitas escolhas individuais e juízos individuais baseados em princípios escolhidos pela própria pessoa.

No Estágio 5 desse nível, o da orientação pelo *contrato social*, percebemos o início do emprego desses princípios. Regras, leis e regulamentos não são vistos como irrelevantes; eles são maneiras importantes de se garantir o senso de justiça. No entanto, as pessoas que operam nesse nível também apresentam períodos em que têm necessidade de ignorar ou mudar tais regras, leis e regulamentos.

Em seu trabalho original sobre o desenvolvimento da moral, Kohlberg incluiu ainda um *sexto estágio*, o da orientação *por princípios éticos universais*. Pessoas que raciocinam assim assumem responsabilidade por suas próprias ações, com base em princípios fundamentais e universais, como o senso de justiça e o respeito básico pelas pessoas.

É importante compreender que a determinação do nível ou estágio do julgamento moral de uma pessoa não são suas escolhas específicas, mas o tipo de lógica e as fontes de autoridade em que elas se baseiam.

Kohlberg afirmou que essa seqüência de raciocínio é universal e está hierarquicamente organizada, tal como Piaget postulou serem universais e hierárquicos os estágios do desenvolvimento cognitivo. Isto é, cada estágio segue um anterior e dele decorre, possuindo alguma consistência interna. Os indivíduos não deveriam "voltar" na seqüência, mas apenas "progredir" através dos estágios, caso se movimentassem. Kohlberg *não* sugeriu que todos os indivíduos, eventualmente, progrediriam através de todos os seis estágios, nem que cada estágio estaria ligado a idades específicas. No entanto, ele insistiu que a ordem seria invariável e universal.

Atividades

A – Solicite a adolescentes de diferentes idades (13, 15 e 17 anos, por exemplo) que resolvam os seguintes problemas e que, em seguida, expliquem os raciocínios utilizados. Compare e analise as respostas.

   1. Há três meninas em uma casa: Maria, Diana e Laura. Maria é mais magra do que Diana. Maria é mais gorda do que Laura. Quem é a menina mais magra? Por quê?

2. Quatro mulheres se dedicam à jardinagem. São elas: Ana, Bel, Clara e Sílvia, que cultivam, cada uma delas, um único tipo de flor. Uma escolheu os cravos vermelhos, outra as margaridas brancas, a terceira as rosas brancas e a quarta, os lírios. As famílias das meninas são: Oliveira, Cordeiro, Souza e Melo. Nenhum destes dados segue alguma ordem pré-estabelecida. Pelas pistas a seguir, descubra o nome completo das mulheres e as flores que cada uma cultiva:

   a. Silvia é a vizinha do lado da mulher que cultiva margaridas.
   b. Clara e a mulher da família Melo escolheram flores da mesma cor.
   c. Ana mora a um quarteirão da mulher que plantou lírios e em frente daquela que plantou rosas brancas.
   d. Silvia gostou dos lírios da mulher da família Oliveira e suas flores não são brancas.
   e. Clara e a mulher da família Oliveira são primas.
   f. Ana é a melhor amiga da mulher da família Cordeiro.
   g. A família Melo gostou tanto de seu canteiro de margaridas, quanto do canteiro da família Souza, por terem flores da mesma cor.

B – Utilizando o dilema de Heinz, descrito neste capítulo, entreviste crianças, adolescentes de diferentes idades e adultos. Em seguida compare suas respostas e classifique de acordo com os os estágios de Kohlberg.

A Teoria Psicossocial de Erikson e a Construção da Identidade

O mapa não é o território.
Gregory Bateson

A expressão crise de identidade, introduzida por Erik H. Erikson há mais de meio século para explicar especialmente o período de tensão íntima da adolescência, passou a ser parte aceita e conhecida do linguajar cotidiano. A ênfase dada por ele aos problemas exclusivos dos adolescentes e dos adultos ajudou a retificar o destaque anterior, unilateral, da infância como sendo começo e fim do desenvolvimento da personalidade.

Embora Erikson não considerasse o comportamento adulto como simples derivado de acontecimentos da infância, ele encontrou significativos paralelos entre os jogos infantis e os planos de jogos dos adultos, entre a repetitividade de alguns folguedos infantis e o ritualismo de formas políticas como a eleição e a posse de autoridades.

É importante destacar que as contribuições de Erikson constituem legítimos avanços básicos da teoria freudiana. Nesse particular, ele foi rotulado como *freudiano emancipado não-dogmático*. Entretanto, Erikson difere dos chamados neofreudianos, como Karen Horney, Abram Kardiner e Harry Stack Sullivan que, equivocadamente, supuseram que a teoria freudiana nada tivesse a dizer a respeito da relação do homem com a sociedade e a cultura. Embora Freud tivesse enfatizado a sexualidade, ele o fez porque os rígidos tabus sexuais daquele momento histórico eram freqüentemente a causa da neurose. Em escritos posteriores, contudo, Freud começou a preocupar-se com a atividade executiva da personalidade, ou seja, o ego, que é também o repositório das atitudes e conceitos do indivíduo sobre si mesmo e o mundo. E é do desenvolvimento psicossocial do ego que tratam inicialmente as observações e construções teóricas de Erikson, que, assim, conseguiu introduzir inovações na teoria psicanalítica, sem rejeitar nem desprezar a monumental contribuição de Freud.

Esse traço, aliado às reservas éticas quanto a tornar público, mesmo disfarçado, o material de seus casos clínicos, talvez ajude a explicar a relutância inicial de Erikson em divulgar seus conceitos e observações: seu primeiro livro, *Childhood and Society*, apareceu em 1950, quando ele já completara 48 anos.

Uma carreira excepcional

O curso da carreira profissional de Erik Homburger Erikson foi variado e incomum. Ele nasceu na Alemanha, em 15 de junho de 1902. Sua mãe, judia dinamarquesa, havia emigrado grávida para a Alemanha, onde casou com um médico pediatra, o Dr. Homburger, também de família judia. Durante toda sua primeira infância lhe ocultaram que sua mãe havia se casado anteriormente com outro homem, seu pai biológico (que não se chamava Erikson), de quem se separara antes que ele nascesse.

Erikson passou a usar o sobrenome do padrasto, Homburguer. Posteriormente, publicou seus livros sob o nome Erik Homburger Erikson e, finalmente, Erik Erikson (literalmente Erik filho de Erik).

Ele se considerava alemão, mas seus colegas de escola o rejeitavam porque ele era judeu. Ao mesmo tempo, seus amigos judeus o chamavam de *goy* (não judeu) devido a seu aspecto ariano. Embora seu padrasto o tenha estimulado a estudar medicina, Erikson freqüentou o *gymnasiun* clássico e, depois de se formar estudou arte em Munique e foi viver em Florença. Aos 25 anos de idade voltou para casa, procurando emprego de professor de arte e encontrou um amigo, Peter Blos, que também se tornaria um psicanalista de renome. Blos o encaminhou a uma pequena escola em Viena, criada por Anna Freud, para crianças que estavam em psicanálise ou para filhos de pais que estavam sendo analisados. Erikson ficou tão entusiasmado que se matriculou e se formou numa escola que treinava professores no método Montessori. Fixou-se então em Viena, onde teve contatos informais com Sigmund Freud e sua filha Anna, com quem submeteu-se a uma análise didática, enquanto estudava no Instituto Psicanalítico de Viena.

Lá conheceu e desposou Joan Moivat Serson, uma professora de dança moderna, formada em educação, com mestrado em sociologia, e que depois se tornou autora, consultora sobre saúde mental e principal colaboradora de Erikson. Decidiram morar na Dinamarca, mas como isso não deu certo e também devido à perseguição nazista emigraram para os Estados Unidos em 1933, quando Erikson foi convidado a praticar e ensinar em Boston. Ele foi de fato o primeiro psicanalista de crianças daquela região. Nas duas décadas seguintes teve compromissos clínicos e acadêmicos em Harvard, Yale e Berkeley.

Quando tratava crianças, insistia sempre em conhecer os lares dos jovens pacientes e em jantar com suas famílias. Na década de 1930, decidiu participar de um trabalho de campo com Scuder Mekeel, um antropólogo seu amigo, observando crianças índias na reserva Sioux de Dakota do Sul e na reserva Yurok no norte da Califórnia. Seus relatórios sobre tais experiências revelaram o dom especial de sentir e penetrar nos modos de pensar e nas idéias gerais de culturas estranhas à sua.

Foi ao trabalhar com os índios que Erikson começou a observar síndromes que não soube explicar dentro dos limites da teoria psicanalítica tradicional. O índio não só sentia o rompimento com o passado, como não conseguia se identificar com a idéia de futuro oferecida pela assimilação dos valores da cultura branca. Erikson reconheceu que os problemas enfrentados por aqueles homens tinham relação com o ego e a cultura, e só incidentalmente com as pulsões sexuais enfatizadas por Freud.

As impressões colhidas por Erikson durante a permanência nas reservas indígenas foram reforçadas quando, durante a Segunda Guerra Mundial, trabalhou em um Centro de Reabilitação de Veteranos em São Francisco. Muitos dos soldados com os quais ele e seus colegas lidaram pareciam não se enquadrar nos tradicionais casos de neuroses de guerra da Primeira Guerra Mundial. Em vez disso, pareceu a Erikson que muitos deles haviam perdido a noção de quem eram e do que eram, pois tinham dificuldades em conciliar suas atividades, atitudes e sentimentos como soldados com as que tiveram antes da guerra. Assim sendo, embora pudessem ter problemas decorrentes de pulsões reprimidas ou incompatíveis, seu principal problema parecia ser "confusão de identidade".

Durante os anos em que fez pesquisas na Califórnia, Erikson escreveu seu primeiro livro, *Childhood and Society* (1950). Esse livro teve um impacto significativo e é ainda hoje considerado uma das mais importantes publicações de Erikson. Em 1951 pediu demissão de seu cargo de docente na Universidade de Berkeley, em sinal de protesto contra um juramento especial de lealdade ao Estado, exigido dos membros da universidade (juramento que foi mais tarde declarado inconstitucional). Erikson ingressou no Centro Austin Riggs em Stockbridge, Massachusetts, um pólo importante de residência em psiquiatria, para iniciar, juntamente com um grupo de psicólogos e psiquiatras, um programa novo de tratamento residencial privado para jovens com perturbações psicológicas.

É possível que as inovações de Erikson na teoria psicanalítica sejam exemplificadas melhor em seus escritos psico-históricos, nos quais ele combina a intuição psicanalítica com uma verdadeira imaginação histórica. Escreveu uma série de brilhantes ensaios sobre homens diversos como Máximo Gorky, George Bernard Shaw e o próprio Freud. Tais estudos não são limitados relatos de casos, mas sim reflexos da notável compreensão de Erikson da história social e política européia, bem como da literatura: eles contribuem, ao mesmo tempo, para a história e a teoria da personalidade.

Suas incursões pela psicobiografia chegaram ao auge com o estudo psicológico sobre o pai do Protestantismo, Martinho Lutero, intitulado *Young Man Luther* (1958) e outro sobre o apóstolo da não-violência, Mahatma Gandhi, intitulado *Gandhi's Truth* (1969). É interessante salientar que, nos dois casos, houve na própria vida de Erikson elementos comparáveis às crises havidas na existência dos biografados: a crise de identidade profissional em Lutero, e a crise de "generatividade" (a preocupação madura com as gerações futuras) no primeiro protesto não-violento de Gandhi na Índia, aos quarenta e oito anos, mesma idade em que Erikson publicou seu primeiro livro, *Childhood and Society*.

Erikson ficou em Riggs até 1961, quando foi nomeado professor de desenvolvimento humano e conferencista sobre psiquiatria em

Harvard. Em 1970, aposentou-se, deixou Harvard e mudou-se para San Francisco, na Califórnia, onde continuou a escrever e a dar consultas em clínicas e universidades. Erik Erikson e sua esposa Joan voltaram para Massachusetts em 1987, depois da fundação do centro Erik Erikson, em Cambridge. Erikson morreu em 12 de maio de 1994. Suas idéias inovadoras continuam estimulando a pesquisa e a teoria de hoje.

A teoria psicossocial de Erikson

Em *Childhood and Society*, Erikson conceituou as implicações de suas observações clínicas. A obra, síntese de quinze anos de experiência e pesquisa, deu três contribuições importantes ao estudo do ego humano. Primeiro, sugeriu que, paralelamente aos estágios de desenvolvimento psicossexual descritos por Freud (oral, anal, fálico, de latência e genital) havia estágios psicossociais de desenvolvimento do ego, nos quais o indivíduo tinha de fixar novas orientações básicas para si e para o seu mundo social. Em segundo lugar, afirmou que o desenvolvimento da personalidade não pára na adolescência, mas continua através de todo o ciclo vital. E, finalmente, declarou que cada estágio tem um momento crítico, que Erikson denominou *crise*, período de decisão entre um pólo positivo e outro negativo, entre progressão e regressão, integração e retardamento. Cada estágio representa uma crise de aprendizagem, com a possibilidade de aquisição de novas habilidades e atitudes.

Examinando-se o esquema dos estágios pode-se compreender muita coisa a respeito dessas contribuições, bem como sobre o modo de pensar de Erikson. Ele identificou **oito estágios no ciclo vital**, em cada um dos quais torna-se possível uma nova dimensão de *interação social*, isto é, uma nova dimensão na interação da pessoa consigo mesma e com o seu ambiente social.

Segundo Erikson, *a personalidade resulta da interação contínua de três dimensões: a biológica, a social e a individual*. Tais dimensões são inseparáveis e interdependentes, uma não pode existir sem a outra.

Embora Erikson concordasse com o ponto de vista psicanalítico de que o recém-nascido possui um conjunto de pulsões, ele acrescentou a este conjunto instintivo uma *necessidade de continuidade da experiência*, acreditando também que o desenvolvimento ocorre numa seqüência mais ou menos previsível, sendo em parte controlada por fatores maturacionais. Ele referiu-se a tais fatores através do **princípio epigenético**:

> Algo generalizado, esse princípio afirma que tudo o que cresce tem um plano básico, e é a partir deste que se erguem as partes ou peças componentes, tendo cada uma delas o seu próprio momento de ascensão, até que todas tenham surgido para formar um todo em funcionamento. (ERIKSON, 1968, p. 92)

Este plano básico, no entanto, não se desenvolve independentemente de uma dimensão social. O bebê humano, dada sua grande dependência, necessita de cuidados para sobreviver. Segundo Erikson:

> Deve-se acrescentar que a fraqueza do bebê lhe dá poder; a partir de sua própria dependência e fragilidade, ele faz sinais aos quais seu meio, se for bem orientado por uma capacidade de reação que combine padrões "instintivos" e tradicionais, é peculiarmente sensível. A presença de um bebê exerce um domínio persistente e sistemático sobre as vidas exteriores e interiores de todos os membros da casa. É tão válido dizer que os bebês controlam e criam suas famílias como o inverso. Uma família só pode educar um bebê à medida que é educada por ele. Seu crescimento consiste numa série de desafios àqueles que servem às suas potencialidades de interação social recentemente desenvolvidas. (ERIKSON, 1968, p. 95-96)

Assim, tanto o bebê como a família têm que fazer ajustamentos recíprocos, caracterizando o envolvimento de acomodações mútuas na dimensão social do desenvolvimento da personalidade.

Erikson também percebeu que a natureza dessas acomodações pode variar de cultura para cultura. Ele referiu-se a este princípio da **relatividade cultural** da seguinte forma:

> Embora seja muito claro o que se deve fazer para se manter um bebê vivo – os cuidados mínimos necessários – e o que se deve fazer para que ele não seja fisicamente lesado nem cronicamente perturbado – o máximo de frustração tolerável neste período inicial –, há uma certa amplitude de variação quanto ao que pode acontecer e diferentes culturas fazem extenso uso de suas prerrogativas para decidir o que elas consideram viável e insistem em chamar de necessário... Algumas pessoas pensam que um bebê, para não enfiar os dedos nos próprios olhos, deve ficar necessariamente enfaixado a maior parte do dia e durante quase todo o primeiro ano, e também pensam que ele deve ser embalado ou alimentado toda vez que chorar. Outras pensam que ele deve sentir a liberdade de seus membros e movimentá-los livremente o mais cedo possível, mas também que, em geral, deve ser forçado a chorar, até que fique "roxo", para pedir suas refeições. (ERIKSON, 1968, p. 98-99)

Erikson afirmava que há uma

> (...) lógica – mesmo que instintiva e pré-científica – na suposição de que aquilo que é "bom para a criança", o que lhe pode acontecer, depende daquilo que se espera que ela venha a ser mais tarde e onde isto ocorrerá (...) (ERIKSON, 1968, p. 99)

Embora cada cultura possa ter um modo diferente de lidar com o *plano básico* que o bebê possui ao nascer, todas elas se encaminham no sentido de transformar suas crianças dependentes em adultos autônomos. Há um padrão semelhante na vida social das diversas culturas. No início, a criança interage com alguns adultos que cuidam dela. No decorrer do desenvolvimento, seu raio de relações se amplia, à medida que suas habilidades sociais evoluem, como resultado da interação entre a maturação e os cuidados que ela recebe. Ao atingir a idade adulta, o indivíduo assume seu lugar numa sociedade caracterizada por um conjunto de costumes e instituições de vários graus de complexidade, processo que se estende e se modifica por todo o ciclo vital. Erikson assinalava que se

> (...) pode dizer que a personalidade se desenvolve de acordo com passos pré-determinados, que tornam o organismo humano apto para se dirigir a, estar alerta para e interagir com um raio cada vez maior de indivíduos e instituições significativas. (ERIKSON, 1968, p. 93)

Apesar da existência de um plano básico biológico e de um plano social, duas pessoas não desenvolvem personalidades idênticas. Cada indivíduo percebe e responde ao mundo de uma forma diferente, sendo que o modo como ele será percebido e responderá a isso também será particular. Mesmo os gêmeos idênticos, morando na mesma casa, não passam exatamente pelas mesmas experiências. As pessoas não integram as experiências de uma mesma forma. Além das dimensões biológica e social, Erikson postulava uma dimensão **individual** no desenvolvimento da personalidade, a capacidade de integração da experiência.

O conceito de identidade

Quando as três dimensões da personalidade se coordenam, o resultado será, segundo Erikson, uma pessoa que

> (...) domina ativamente seu ambiente, mostra uma certa unidade da personalidade e é capaz de perceber corretamente o mundo e a si mesma. (ERIKSON, 1968, p. 92)

Ele afirmava ainda que um indivíduo psicologicamente são é aquele que desenvolveu um firme sentido de identidade, sendo capaz de reconhecer que é uma pessoa única, inserido em uma determinada sociedade, com um passado, um presente e um futuro particulares. A unidade da personalidade depende de um firme sentido de identidade do ego. Assim,

> O Homem, como espécie, tem sobrevivido pelo fato de estar dividido no que chamamos pseudo-espécies. Primeiro, cada horda ou tribo, classe e nação mas, depois, também cada associação religiosa, converteu-se em "a" espécie humana, considerando todos os outros grupos como uma invenção extravagante e gratuita de alguma deidade irrelevante. Para reforçar a ilusão de ser a eleita, cada tribo reconhece uma criação própria, uma mitologia e, ulteriormente, uma história; assim se garantiu a lealdade a uma determinada ecologia e moralidade. Nunca se faz uma idéia exata de como as outras tribos nasceram mas, já que existem, elas são úteis, pelo menos, como uma tela de projeção para as identidades negativas que são a contraparte necessária, se bem que sumamente incômodas, das identidades positivas. Essa projeção, em conjunto com a sua territorialidade, proporcionou aos homens uma razão para se chacinarem mutuamente *in majorem gloriam*. (ERIKSON, 1968, p. 41)

Da mesma forma, cada pessoa desenvolve a necessidade de sentir-se "especial" ou "única" dentro do seu próprio grupo. Considerando a interdependência das três dimensões da personalidade, Erikson definiu a identidade como:

a. um sentido consciente de singularidade individual;
b. um esforço inconsciente para manter a continuidade da experiência;
c. uma solidariedade para com os ideais de um grupo.

Erikson considerava que a necessidade de cada ser humano de sentir-se único provém do esforço inconsciente para manter a continuidade da experiência. Esse sentimento de ser único, no entanto, não pode ser desenvolvido na ausência de uma cultura que, além de fornecer os cuidados necessários para o desenvolvimento do ego, também propicie uma série de diretrizes e rótulos que permite ao ego construir uma identidade. O indivíduo deve manter um sentimento de "solidariedade para com os ideais do grupo" para que a identidade tenha uma base sólida. Ele deve acreditar, desde a infância, que está seguindo com sucesso as diretrizes impostas por sua cultura:

> (...) uma criança, ao crescer, deve captar um sentimento vitalizador da realidade a partir da consciência de que o seu modo individual de dominar a experiência, a síntese de seu ego, é uma variante bem-sucedida de uma identidade grupal, sendo coerente com o seu plano espaciotemporal e vital. (ERIKSON, 1968, p. 49)

Erikson ilustrou a interação entre as dimensões da personalidade com o fato de se aprender a andar:

> Uma criança que acaba de perceber que é capaz de andar... torna-se consciente de seu novo *status* e estatura de "alguém que pode andar", sejam quais forem as conotações que isso possa ter nas coordenadas do plano vital de sua cultura – ser "aquele que correrá velozmente atrás da presa em fuga", "aquele que irá longe", "aquele que andará ereto" ou "aquele que poderá ir muito longe". Ser "alguém que pode andar" converte-se em uma das diversas etapas no desenvolvimento da criança, que contribui para o estabelecimento de uma auto-estima realista, através da coincidência de controle físico e significado cultural, do prazer funcional e do reconhecimento social. (ERIKSON, 1968, p. 49)

Os estágios do desenvolvimento: as oito idades do homem

Segundo a teoria psicossocial de Erikson, a personalidade não é um estado, mas um *processo* que

(...) está sempre mudando e se desenvolvendo: na melhor das hipóteses, é um processo de diferenciação crescente que se torna ainda mais abrangente à medida que o indivíduo vai se tornando cada vez mais consciente de um círculo crescentemente mais amplo de outras pessoas que são significativas para ele, desde a pessoa materna até a "humanidade". O processo "inicia-se" em algum momento durante o primeiro encontro verdadeiro entre a mãe e o bebê, enquanto duas pessoas que podem tocar-se e reconhecer-se mutuamente e só "termina" quando se dissipa o poder da afirmação mútua do homem. (ERIKSON, 1968, p. 23)

O desenvolvimento avança em **estágios**, denominados *idades* nos trabalhos de Erikson (veja a Figura 5.1).

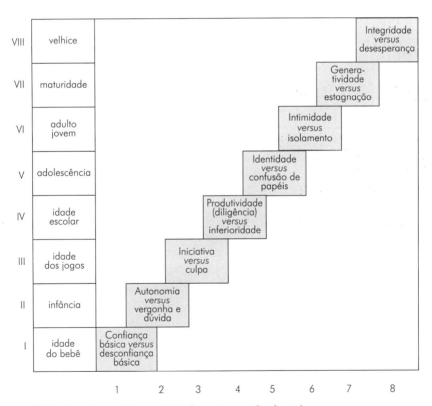

Figura 5.1 – As crises psicossociais durante o ciclo da vida.
Fonte: ERIKSON, E. H. Childhood and Society. *Un Modo de Ver las Cosas: escritos selectos de 1930 a 1980.* México: Fondo de Cultura, 1994. p. 536.

A *continuidade da experiência* constitui uma variável crítica no desenvolvimento da personalidade, havendo um intento de estabelecer uma série complexa de equilíbrios. Cada estágio se desenrola de acordo com um plano de base definido e parcialmente inato, sendo que cada um deles apresenta ao indivíduo um desafio. Como este plano necessita também de um suporte social, cada estágio apresenta também um desafio à sociedade. Erikson descreveu estes desafios como **crises normativas**, afirmando que há oito delas a serem resolvidas durante o ciclo vital. Esses estágios não seguem um esquema cronológico rígido. Erikson considerava que cada criança tinha seu próprio ritmo cronológico e que seria equivocado especificar uma duração exata para cada estágio. A crise básica que constitui o núcleo de cada estágio não existe só durante aquele estágio. Cada crise é importante durante um estágio específico, mas tem raízes em estágios prévios e conseqüências em estágios subseqüentes.

Confiança básica versus desconfiança básica

O primeiro estágio do esquema eriksoniano corresponde ao estágio oral da teoria psicanalítica clássica e em geral transcorre durante o primeiro ano de vida. Erikson criou o conceito de *modalidade, mais abrangente do que instinto,* para descrever a forma como o ego da criança se relaciona com o mundo. Para Erikson, nesse estágio a modalidade pela qual a criança integra as experiências é oral-sensorial-incorporativa.

A dimensão de interação social que emerge durante esse período é a confiança básica num extremo e a desconfiança no outro. O grau em que a criança vem a confiar no mundo, nas demais pessoas e em si própria depende em grande parte da qualidade dos cuidados que recebe.

A criança cujas necessidades são satisfeitas logo que aparecem, cujos desconfortos são prontamente atendidos, que é acariciada, com quem se brinca e conversa, desenvolve uma noção do mundo como sendo um lugar seguro de se estar, e das pessoas como solícitas e confiáveis. Quando, porém, os cuidados são irregulares, insuficientes e marcados pela rejeição, promovem a desconfiança básica, uma atitude de medo e suspeita da criança quanto ao mundo em geral e às pessoas em particular. Essa atitude permanecerá durante os estágios posteriores de desenvolvimento.

É preciso lembrar que o mundo do qual ela participa apresenta alguns perigos e riscos, sendo essencial um certo grau de desconfiança para garantir a própria sobrevivência. Por outro lado, para que se inicie o processo de construção de um sentido de identidade é necessário que predomine a confiança.

A crise da confiança básica *versus* desconfiança básica não se resolve de uma vez e para sempre durante o primeiro ano de vida, pois torna a reaparecer em cada uma das crises dos estágios posteriores. A conquista de um estágio é posta em risco pela crise seguinte, da mesma forma que aspectos não resolvidos também podem ser resolvidos posteriormente. Por exemplo, uma criança que entra na escola com um senso acentuado de desconfiança pode vir a confiar em determinado professor. Com esta segunda oportunidade, ela pode vir a superar a desconfiança inicial. De outro lado, uma criança que atravessa a infância com um senso de confiança ainda poderá ter sua desconfiança ativada em um estágio posterior da vida se, por exemplo, seus pais se divorciarem ou separarem em circunstâncias traumáticas e adversas.

Autonomia versus vergonha e dúvida

O segundo estágio corresponde ao segundo e ao terceiro ano de vida, período denominado estágio anal na teoria freudiana. Embora reconhecesse a importância das funções de eliminação e de controle dos esfíncteres durante esse estágio, Erikson entendia que nesse período o elemento principal é a **modalidade**, a maneira pela qual o ego da criança organiza a experiência. Uma vez superada a receptividade passiva do estágio anterior, a criança se defronta com a questão mais abrangente de *conter-se* ou *soltar-se*. Além de ser o modo de operação dos esfíncteres, esse é também o modo de operação do ego.

Surge a autonomia, desenvolvimento que se baseia nas novas habilidades motoras e mentais da criança. Nesse estágio, a criança não só pode andar mas também subir, descer, abrir e fechar, cair, empurrar, puxar, segurar e soltar. A criança pequena orgulha-se dessas novas realizações e quer fazer tudo sozinha, seja tirar o papel de uma bala, tirar a vitamina do vidro ou dar descarga na privada. Se os pais reconhecem a necessidade de a criança fazer tudo aquilo de que é capaz, por conta própria e quando quiser, então ela desenvolve o senso de que pode controlar seus músculos, seus impulsos, a si própria e, o que não é de pouca importância, seu meio ambiente: este é o senso da autonomia.

O conflito nuclear que caracteriza a segunda idade do homem é o confronto entre o senso de autonomia e o sentimento de vergonha e dúvida. Quando aqueles que cuidam da criança se mostram impacientes, fazendo o que ela é capaz de fazer sozinha, estarão reforçando seu senso de vergonha e dúvida. É certo que todos os pais por vezes são ásperos com os filhos e que as crianças são *resilientes* o bastante para desculpar tais lapsos. Somente quando os cuidados são seguidamente superprotetores e as reprimendas pelos "acidentes" (sejam eles urinar, sujar, derramar ou quebrar coisas) são ríspidas e irrefletidas é que a criança cria um exagerado senso de vergonha em relação a outras pessoas e um exagerado senso de dúvida em relação a sua capacidade de controlar o mundo e a si própria.

Se ela sai desse estágio com menos autonomia do que vergonha ou dúvida, isso influenciará negativamente suas tentativas posteriores de conquistar autonomia na adolescência e na maturidade. Aquela que, ao contrário, passa por essa fase com o senso de autonomia superando nitidamente os sentimentos de vergonha e dúvida, estará bem preparada para ser autônoma. Tanto o senso de autonomia como o sentimento de vergonha e dúvida estabelecidos durante este período podem ser alterados positiva ou negativamente por acontecimentos posteriores.

Iniciativa versus *culpa*

Nesse terceiro estágio, a criança em idade pré-escolar é praticamente dona do seu corpo e é capaz de andar de velocípede, correr, cortar e bater. Pode, pois, iniciar atividades motoras de vários tipos por conta própria e não mais responder apenas às ações de outras crianças ou simplesmente imitá-las. A dependência dos pais continua a diminuir gradualmente, sua capacidade verbal se torna mais refinada, ampliando-se também sua consciência do fato de que aumentam as diferenças entre sua própria autonomia e a dos outros. Surge também uma curiosidade pelos próprios órgãos sexuais e um interesse maior do menino pela mãe e da menina pelo pai. Mas, para Erikson, a questão principal deste estágio (que corresponde ao estágio fálico da teoria freudiana) vai além dessas preocupações. O *complexo de* Édipo, afirma ele, é apenas uma conseqüência das muitas mudanças físicas que ocorrem. A criança, nessa fase, é capaz de se introduzir no mundo muito mais vigorosamente, seu ego funciona agora por meio de um modo *intrusivo,* que

> (...) domina grande parte do comportamento deste estágio, caracterizando uma variedade de atividades e fantasias configu-

> rativamente semelhantes. Estas incluem: (1) *a intrusão no espaço, mediante a locomoção vigorosa;* (2) *a intrusão no desconhecido, mediante uma curiosidade insaciável;* (3) *a intrusão no ouvido e mente de outras pessoas, através da voz agressiva;* (4) *a intrusão sobre ou no corpo dos outros, através do ataque físico;* (5) e, freqüentemente a mais assustadora, a *idéia do falo introduzindo-se no corpo feminino.* (ERIKSON, 1968, p. 116)

Estas atividades todas contribuem para a emergência de um senso de iniciativa.

A tradução das pulsões psicossexuais em modalidades do ego mais abrangentes criou um problema para Erikson: os meninos têm um aparato genital potencialmente *intrusivo*, ao passo que os genitais das meninas continuam *receptivos*. Ele procurou adequar sua teoria a esta diferença:

> As meninas sofrem freqüentemente uma importante mudança nesta fase porque, mais cedo ou mais tarde, elas observam que, embora sua intrusividade locomotora, mental e social seja tão vigorosa quanto a do menino, permitindo-lhes tornarem-se verdadeiros moleques, falta-lhes um item, o pênis; e, por isso, elas perdem algumas prerrogativas importantes na maioria das culturas e classes sociais. Enquanto o menino tem esse órgão visível, erétil e compreensível, ao qual pode ligar sonhos de grandeza adulta, o clitóris da menina só muito pobremente alimentará sonhos de igualdade sexual e ela não possui sequer mamas desenvolvidas, como testemunho analogamente tangível do seu futuro. (ERIKSON, 1968, p. 117)

É evidente, nas afirmações acima, o vínculo que Erikson manteve com a psicanálise ortodoxa, ao definir dois tipos de iniciativa, o *masculino* intrusivo e o *feminino* receptivo. Nessa idade, menino e menina se relacionam com o mundo de modo diferente:

> O estágio ambulatório, da atividade lúdica e da genitalidade infantil, vem acrescentar ao repertório de modalidades sociais básicas em ambos os sexos a de produzir, primeiro na acepção infantil de estar em fabricação. Não há palavras simples nem fortes no inglês que correspondam às modalidades sociais básicas. As palavras sugerem a alegria da competição, a insistência nos objetivos, o prazer da conquista. No menino, a ênfase permanece em produzir por um ataque frontal; na menina, pode-se converter em captar arrebatando agressivamente ou cativar tornando-se ela própria atraente e meiga. Assim, a criança desenvolve os pré-requisitos da iniciativa masculina ou feminina e, sobretudo, certas auto-imagens sexuais que se tornarão os elementos essenciais dos aspectos positivos e negativos de sua identidade futura. (ERIKSON, 1968, p. 118)

Se a criança vai sair desse estágio com o senso de iniciativa superando em muito um sentimento de culpa depende em grande parte de como seus pais respondem a essas atividades de iniciativa própria. Crianças que têm muita liberdade e oportunidade de iniciar brincadeiras motoras como correr, andar de bicicleta, patinar, escorregar, disputar e lutar têm reforçado o seu senso da iniciativa. E a iniciativa é reforçada sobremaneira quando os pais respondem às perguntas das crianças (iniciativa intelectual) e não se esquivam, nem inibem a atividade imaginária ou a brincadeira. De outro lado, se os pais fazem a criança sentir que sua atividade motora é má, que suas perguntas aborrecem e que suas brincadeiras são tolas e estúpidas, neste caso fomentam um senso de culpa que ultrapassa as atividades da iniciativa própria em geral e que prevalecerá durante estágios posteriores da vida.

Produtividade (diligência) versus *inferioridade*

O quarto estágio corresponde aos cinco primeiros anos do Ensino Fundamental, descrito na psicanálise clássica como estágio de latência, que sucede à resolução parcial do conflito edipiano. Erikson assinalava que esse estágio difere dos anteriores porque não se trata da passagem de uma agitação íntima para uma nova modalidade. Para ele, esse é um período apenas aparentemente latente:

> Quando alcançam a idade escolar, as crianças de todas as culturas recebem instrução sistemática embora esta não seja, de forma alguma, dada no tipo de escola existente entre os povos alfabetizados, onde as pessoas são agrupadas em torno de professores que aprenderam como ensinar. Nos povos pré-letrados, muito é aprendido através dos adultos que se tornam professores mais por aclamação do que nomeação e muitas coisas também são aprendidas com as crianças mais velhas, mas os conhecimentos adquiridos se relacionam com as aptidões básicas de tecnologia simples que podem ser entendidas no momento em que a criança está pronta para manejar os utensílios, as ferramentas e as armas (ou fac-símiles destas) usadas pelos adultos. A criança ingressa na tecnologia de sua tribo muito gradualmente, mas também muito diretamente. (ERIKSON, 1968, p. 122-123)

É também um período em que a criança se torna capaz de raciocínio lógico, e de brincar e aprender por regras. Somente nesse período, por exemplo, ela pode realmente jogar bolas de gude, damas e outros jogos em que "cada um tem sua vez" e que exigem a obediência a regras. Erikson afirmava que a dimensão psicossocial que emerge durante esse período tem num extremo o senso de produtividade e, no outro, o sentimento de inferioridade.

A palavra produtividade descreve esplendidamente um tema dominante nesse período do ensino fundamental, no qual predomina o interesse pela maneira como as coisas são feitas, como funcionam e para que servem. Quando as crianças são estimuladas em seus esforços por fazer, realizar ou construir coisas práticas (seja construir cabanas no alto das árvores ou modelos de aviões – ou cozinhar, fazer doces, ou costurar), quando têm permissão para terminar seus produtos e são elogiadas e recompensadas pelos resultados, então o senso de produtividade é promovido. Quando ocorre o contrário, ao desconsiderarem os esforços dos filhos no sentido de fazer e realizar, os pais ou outros agentes do meio podem fomentar um sentimento de inferioridade na criança.

Nesse período, o mundo da criança é mais amplo que o lar. Outras instituições sociais, além da família, passam a desempenhar um papel importante na crise de desenvolvimento do indivíduo. Neste sentido, Erikson introduziu mais um avanço na teoria psicanalítica, que até então se preocupava primordialmente com os efeitos do comportamento dos pais sobre o desenvolvimento da criança.

As experiências escolares da criança contribuem para o seu equilíbrio entre produtividade e inferioridade. Por exemplo, uma criança com dificuldades de adaptação à escola e com um desempenho deficiente nas tarefas propostas pode sofrer um abalo em sua auto-estima, mesmo quando o seu senso de produtividade é recompensado e estimulado em casa. Conseqüentemente, os constantes fracassos nos deveres escolares, podem reforçar o seu senso de inferioridade. De outro lado, a criança que tenha tido o seu senso de produtividade desestimulado no lar, poderá resgatá-lo na escola, mediante a dedicação de um professor sensível e interessado.

Identidade versus *confusão de papéis*

Segundo a teoria psicanalítica tradicional, quando a criança passa à adolescência ocorre um redespertar dos conflitos edipianos da primeira infância. Sua maneira de resolver esse problema é procurar encontrar fora da família um parceiro romântico de sua própria geração. Embora Erikson não rejeitasse esse aspecto da adolescência, ele chamava a atenção para o fato de que há também outros problemas, considerando a adolescência como um período *crítico*, que influenciará sobremaneira a resolução das crises posteriores do ciclo vital.

O adolescente amadurece tanto mental como fisiologicamente e assim, segundo Erikson,

> (...) a formação de identidade requer um processo de reflexão e observação simultâneas, um processo que ocorre em todos os níveis de funcionamento mental e pelo qual o indivíduo se julga à luz daquilo que percebe ser a forma como os outros o julgam, em comparação com eles próprios e com uma tipologia que é significativa para eles. Ao mesmo tempo, ele julga a maneira como os outros o julgam, de acordo com o modo como ele se vê, em comparação com os demais e com os tipos que se tornaram importantes para ele. (ERIKSON, 1968, p. 22-23)

Seu ego se torna mais capaz de sintetizar e integrar a experiência,

> (...) as habilidades cognitivas que se desenvolvem durante a primeira metade da segunda década da existência humana fornecem um poderoso instrumento para as tarefas que o jovem deve executar. Piaget denomina operações formais as aquisições cognitivas feitas por volta dos quinze anos de idade. Isso significa que o jovem pode agora lidar com proposições hipotéticas e pode pensar em variáveis possíveis e relações potenciais – e manipulá-las exclusivamente em pensamento, independentemente de certas verificações concretas, previamente necessárias (...) Tal orientação cognitiva não se estabelece como um contraste, mas sim como um complexo da necessidade do jovem desenvolver um sentido de identidade, pois entre todas as relações possíveis e imagináveis ele deve fazer uma série de seleções cada vez mais específicas de compromissos pessoais, ocupacionais, sexuais e ideológicos. (ERIKSON, 1968, p. 245)

O adolescente pode imaginar famílias, religiões e sociedades ideais, com as quais então compara as famílias, religiões e sociedades imperfeitas de sua experiência. Ele se torna capaz de construir, ou adotar, teorias e filosofias que constituirão um todo harmônico de todos os aspectos conflitantes da sociedade. O adolescente é também um idealista impaciente que acredita ser tão fácil realizar um ideal como é imaginá-lo.

Erikson acreditava que a nova dimensão interpessoal que emerge durante esse período tem relação com um senso de identidade do ego, na extremidade positiva, e com um senso de confusão de papéis, na extremidade negativa. Isso quer dizer que, dada a recém-descoberta capacidade de integração da experiência pelo adolescente, sua tarefa é reunir todas as coisas que tenha aprendido sobre si mesmo como filho, aluno, atleta, amigo etc., e integrar essas diferentes imagens de si num todo que tenha sentido e que apresente continuidade com o passado, enquanto se prepara para o futuro. Na medida em que o jovem consiga ser bem-sucedido nesse esforço, atingirá um senso de identidade psicossocial, de quem ele é, de onde está e para onde vai.

Em contraste com os primeiros estágios, em que os pais desempenhavam um papel mais direto na determinação do resultado da crise do desenvolvimento, sua influência durante este estágio é muito mais indireta. Se o jovem, graças aos pais, atinge a adolescência com um senso de confiança, de autonomia, de iniciativa e produtividade, então serão muito maiores suas possibilidades de alcançar um significativo senso de identidade do ego. O oposto, naturalmente, vale para o jovem que entra na adolescência com muita desconfiança, vergonha, dúvida, culpa e inferioridade. Por conseguinte, começa no berço a preparação para uma adolescência bem-sucedida e a obtenção de um senso integrado de identidade psicossocial.

Quando, seja devido a uma infância infeliz, ou por circunstâncias sociais difíceis, o jovem não consegue formar um senso de identidade pessoal, apresenta uma certa confusão de papéis – ou seja, o senso de não saber quem é, nem daquilo de que faz parte, nem de com quem se está. Essa confusão é um sintoma freqüente entre jovens delinqüentes. Alguns jovens procuram uma *identidade negativa*, uma identidade oposta à que lhes foi atribuída pela família e pelos amigos. Possuir uma identidade como delinqüente, como louco, ou mesmo como toxicômano, às vezes pode ser preferível a não ter qualquer identidade.

O insucesso no estabelecimento de um senso claro de identidade pessoal na adolescência não significa um fracasso perpétuo. Como já foi enfatizado anteriormente, a conquista feita em um estágio é colocada em risco no estágio seguinte. Deste modo, a pessoa que atinge um senso de identidade do ego na adolescência encontrará desafios e ameaças a essa identidade no decorrer do ciclo vital. Erikson, talvez mais que qualquer outro teórico da personalidade, enfatizou que a vida é um processo constante de mudanças e que resolver problemas em qualquer estágio da vida não constitui garantia contra a ocorrência de novos problemas, da mesma forma que questões pendentes num determinado estágio não se cristalizam necessariamente, podendo ser solucionadas em estágios subseqüentes.

Intimidade versus *isolamento*

O sexto estágio do ciclo vital é o inicio da maturidade, aproximadamente o período de namoro e começo da vida familiar, que se estende desde o final da adolescência até o começo da meia-idade. Quanto a esse estágio, bem como aos estágios subseqüentes, a psicanálise clássica nada tem de novo, nem de importante a dizer. Erikson, entretanto, utilizou uma afirmação de Freud para fundamentar a concepção deste estágio:

> Certa vez perguntaram a Freud o que ele considerava que uma pessoa normal deveria ser capaz de fazer bem. Provavelmente o

interlocutor esperava uma resposta complicada e profunda. Mas ele disse simplesmente: *Lieben und arbeiten* (amar e trabalhar). Vale a pena meditar sobre esta fórmula simples: ela vai se tornando mais profunda à medida que pensamos a seu respeito. Pois, quando Freud disse amar, ele se referia tanto à generosidade da intimidade como ao amor genital; e quando disse amar e trabalhar, ele considerava uma produtividade geral de trabalho que não preocupasse o indivíduo, a ponto dele perder o seu direito ou capacidade de ser uma criatura sexual e amorosa. (ERIKSON, 1968, p. 136)

A aquisição prévia de um senso de identidade pessoal e a dedicação a um trabalho produtivo, que assinalam esse período, dão origem a uma nova dimensão interpessoal de *intimidade*, num extremo, e de *isolamento*, no outro.

Quando Erikson falava em intimidade, queria dizer muito mais que a simples realização amorosa; referia-se à capacidade de envolver-se, de partilhar com outrem e cuidar de outrem, sem temor de perder-se no processo. Segundo ele,

(...) o incremento da identidade se baseia na fórmula: *Nós somos o que amamos.* (ERIKSON, 1968, p. 138)

O êxito na realização de um senso de intimidade depende apenas indiretamente dos pais, no que eles tenham contribuído para o sucesso ou fracasso do indivíduo nos estágios iniciais da vida. Também aqui, tal como no caso da identidade, as condições sociais podem ajudar ou prejudicar o estabelecimento do senso de intimidade. Um indivíduo que a teme pode evitar o contato com as outras pessoas se escondendo atrás do seu trabalho. Se não for criado um senso de intimidade com os amigos ou com parceiro conjugal, o resultado, no entender de Erikson, é um senso de *isolamento*,

(...) a incapacidade para arriscar a própria identidade compartilhando uma intimidade autêntica. (ERIKSON, 1968, p. 138)

Generatividade versus estagnação ou auto-absorção

A sétima crise normativa ocorre aproximadamente na meia-idade, período em que, para muitas pessoas, os filhos se tornam adolescentes e elas já estão fixadas em seu trabalho ou profissão. Ela traz consigo o potencial de uma nova dimensão, com a *generatividade* num extremo, e a *absorção em si mesmo* ou *estagnação* no outro.

O que Erikson queria dizer com *generatividade* é que a pessoa começa a se interessar por outras fora de sua família imediata, pelas gerações futuras e pela natureza da sociedade e do mundo em que elas viverão. Antecipando o desaparecimento gradual de suas próprias vidas, as pessoas sentem a necessidade de participar da continuação da vida. Por conseguinte, a generatividade não se restringe aos que são pais e pode se manifestar em qualquer indivíduo que se preocupe ativamente com o bem-estar das próximas gerações e com a idéia de tornar o mundo um lugar melhor para elas viverem e trabalharem. Aqueles indivíduos que não chegam a formar um senso de generatividade caem em um estado de estagnação (inércia) ou de absorção em si mesmos, em que a preocupação está focalizada quase que exclusivamente sobre suas necessidades e comodidades pessoais.

Integridade versus desesperança

O oitavo e último estágio no esquema eriksoniano corresponde, de modo geral, ao período em que os principais esforços do indivíduo aproximam-se do fim e há tempo para a reflexão. A partir dos resultados das crises anteriores, ele precisa avaliar, recapitular e aceitar sua vida para que possa enfrentar a chegada da morte. A dimensão psicossocial que ganha destaque durante esta fase tem a *integridade* num extremo e a *desesperança* no outro. O senso de integridade decorre da capacidade do indivíduo de apreciar em retrospecto toda a sua vida com alto grau de satisfação. Na outra extremidade fica o indivíduo que revê a própria vida como uma série de oportunidades e direções perdidas. No ocaso da vida, defrontando-se com a aproximação do fim biológico, ele entende que é tarde demais para começar de novo e se desespera, apegado às fantasias do que poderia ter sido.

Alguns anos após a morte de Erikson, sua esposa e colaboradora Joan Erikson publicou, em 1997, uma versão ampliada do livro *The Life Cycle Completed* de Erik Erikson (1982). Nesta obra, ela acrescentou um nono estágio, que se refere aos desafios enfrentados pelo indivíduo ao atravessar os oitenta e os noventa anos de idade.

Atividades

1. Imagine-se voltando no tempo. Como eram seus ancestrais há 75 ou 150 anos atrás?

   - Sua herança cultural afeta-o de alguma forma hoje em dia (por exemplo, no seu papel sexual, trabalho, aspirações educacionais)?
   - Pense em pelo menos uma coisa que você faz e que é influenciada culturalmente.

2. Imagine sua vida sendo representada num palco, através das oito idades de Erikson.

   - O que se diria sobre: seu valor, sua aparência, suas habilidades, sua inteligência, sua moral, sua saúde, sua sexualidade, seu futuro?
   - Agora olhe seu presente e projete seu futuro.

Crise de Identidade na Adolescência: Epigênese e Ciclo Vital

> *A criança que fui chora na estrada,*
> *Deixei-a ali quando vim ser quem sou.*
> *Mas, hoje, vendo que o que sou é nada,*
> *Quero ir buscar quem fui onde ficou.*
>
> Fernando Pessoa

Durante a adolescência, o indivíduo desenvolve os pré-requisitos de crescimento fisiológico, maturidade mental e responsabilidade social que o preparam para experimentar e ultrapassar a crise de identidade.

A crise de identidade envolve elementos de todas as outras. Ela é prenunciada em cada um das crises anteriores e, ao mesmo tempo, recapitula todas elas, além de antecipar as três crises posteriores.

Erikson criou um *diagrama epigenético* (veja Figura 6.1 a seguir), composto por três coordenadas: uma vertical, uma horizontal e uma diagonal. A diagonal representa as oito idades do homem. A coordenada vertical as contribuições específicas dos quatro estágios da infância à crise de identidade da adolescência e a horizontal representa os aspectos parciais da crise de identidade.

	1	2	3	4	5	6	7	8
VIII								INTEGRIDADE versus DESESPERANÇA
VII							GENERATIVIDADE versus ESTAGNAÇÃO	
VI						INTIMIDADE versus ISOLAMENTO		
V	Perspectiva Temporal versus Confusão Temporal	Autocerteza versus Inibição	Experimentação de Papel versus Fixação de Papel	Aprendizagem versus Paralisia Operacional	IDENTIDADE versus CONFUSÃO DE IDENTIDADE	Polarização Sexual versus Confusão Bissexual	Liderança e Sectarismo versus Confusão de Autoridade	Comprometimen- to Ideológico versus Confusão de Valores
IV				PRODUTIVIDADE versus INFERIORIDADE	Identificação com a Tarefa versus Sentimento de Futilidade			
III			INICIATIVA versus CULPA		Previsão de Papéis versus Inibição de Papéis			
II		AUTONOMIA versus VERGONHA E DÚVIDA			Vontade de Afirmação Pessoal versus Dúvida de Afirmação Pessoal			
I	CONFIANÇA versus DESCONFIANÇA				Reconhecimento Mútuo versus Isolamento Autístico			

Figura 6.1 – Diagrama epigenético.
Fonte: ERIKSON, E. H. *Identity: Youth and Crisis.* New York: Norton, 1968.

Na coordenada vertical, podemos observar que cada uma das quatro primeiras idades do homem tem um impacto sobre a natureza humana e a sociedade e, principalmente, sobre a crise de identidade da adolescência. O diagrama indica que se as experiências da criança em quaisquer destes quatro estágios forem suficientemente perturbadoras, sua identidade pode vir a ser comprometida. Ela poderá chegar à adolescência com um sentido preponderante de *desconfiança, dúvida, inibição* ou *inutilidade* que a impeçam de realizar a complexa integração necessária ao desenvolvimento de uma verdadeira identidade. Por outro lado, quando a criança foi bem-sucedida, cada um dos estágios da infância contribui positivamente. As bases para um "sentido consciente da singularidade individual na adolescência" são constituídas por estes precursores da identidade.

A coordenada horizontal é importante, porque descreve a crise de identidade do adolescente e está relacionada a todas as outras crises normativas do ciclo vital humano. A crise de identidade na adolescência envolve a resolução das sete "crises parciais" que a compõem, cada uma das quais reedita uma das quatro crises da infância, ou fundamenta uma das três crises da idade adulta. A construção de um firme sentido de identidade requer o sucesso na resolução de todas essas crises parciais. O indivíduo pode assim desvincular-se de seu passado e projetar-se para o futuro.

Crises de identidade da adolescência

Perspectiva temporal versus confusão temporal

A conciliação do passado de criança com o futuro de adulto está relacionada a um sentido de tempo e a *perspectiva temporal* é um elemento importante na construção de um sentido de identidade. O adolescente deve avaliar aquilo que ele se tornou e ponderar aquilo que ele gostaria de se tornar; deve ser capaz de estimar, com base em sua experiência passada, aonde deve ir para atingir seus objetivos. Erikson ressalta, no entanto, que, como o jovem deve escolher entre uma multiplicidade de memórias, antecipações e possibilidades, para estabelecer uma ponte entre o passado e o futuro, é possível haver uma confusão temporal:

> (...) creio que todo adolescente se depara com momentos, ao menos passageiros, em que entra em choque com o próprio tempo. Em sua forma normal e transitória, essa nova espécie de desconfiança resulta, rápida ou gradualmente, em perspectivas que permitem e exigem um investimento intenso e até mesmo fanático no futuro, ou uma breve conjetura sobre uma série de futuros possíveis. (ERIKSON, 1968, p. 181)

Segundo Erikson,

> a experiência do tempo provém unicamente da adaptação do bebê aos ciclos iniciais de tensão das necessidades, retardo da satisfação e saciação desta. (ERIKSON, 1968, p. 181)

Ele aprende a *confiar* no fato de que os cuidadores reaparecerão regularmente, ao invés de sucumbir a uma "desconfiança", com toda a sua tendência à desorganização e à imprevisibilidade. Os esforços do adolescente por relacionar a história prévia aos futuros projetos são análogos àqueles que o bebê realiza durante o primeiro estágio.

O empenho do adolescente para situar sua própria vida numa perspectiva temporal, está fundamentado de forma mais elaborada nesse primeiro conflito nuclear.

Autocerteza versus *inibição*

Na segunda crise parcial podemos verificar um paralelo semelhante. A assimilação do passado e o planejamento do futuro implicam algum grau de autoconfiança. O jovem deve desenvolver uma convicção interna, denominada por Erikson de *autocerteza*, acreditando que sua história anterior tem sentido e forma um todo integrado. Da mesma forma, ele deve acreditar que tem chances de alcançar seus objetivos na idade adulta.

Entretanto, pode ocorrer que, em suas tentativas de avaliar "vantagens e desvantagens", o adolescente venha a se sentir dominado por uma dolorosa inibição:

> A inibição é uma nova edição daquela dúvida original que diz respeito à confiança que os pais merecem, e somente na adolescência tal dúvida autoconsciente se refere à validade de todo o período da infância, que agora é deixado para trás, e, ainda, à confiança depositada em todo o universo social, que agora é questionado. A obrigação atual de vincular-se com um sentido de livre-arbítrio a uma identidade autônoma poderá despertar uma dolorosa vergonha global, de certo modo comparável à vergonha e raiva decorrente de ser totalmente visível aos adultos que tudo sabem – agora, porém, esta vergonha se refere de fato que o jovem tem uma personalidade pública, exposta aos companheiros de sua idade e ao julgamento dos líderes. (ERIKSON, 1968, p. 183)

Erikson afirma que este conflito é bem resolvido pela maioria dos jovens:

> Tudo isso, no curso normal dos acontecimentos, é contrabalançado pela autocerteza, agora caracterizada por um senso definitivo de independência da família, encarada como matriz das auto-imagens, e por uma certeza antecipatória. (ERIKSON, 1968, p. 183)

Esta crise parcial é um eco da segunda crise (autonomia *versus* vergonha e dúvida), na medida em que o jovem se apóia no sentimento básico de autonomia que emergiu durante a infância. Tudo se passa como se ecoasse na consciência do adolescente o reconhecimento ocorrido na infância de que ele é um ser autônomo. A inibição do adolescente relembra, de forma semelhante, a vergonha e a dúvida mais primitivas daquele estágio inicial.

Experimentação de papel versus *fixação de papel*

Quando as condições são favoráveis, o adolescente contemporâneo se defronta com uma quantidade muito grande de alternativas e possibilidades. Para que possa descobrir para onde se dirigem suas verdadeiras preferências e talentos e definir seu lugar na sociedade é desejável que o jovem tenha acesso ao maior número possível de possibilidades de escolha de papéis que ele acabará por desempenhar. Segundo Erikson, o desenvolvimento de um senso de identidade é precedido por uma *moratória psicossocial,* um período de suspensão de compromissos no qual ocorre a experimentação de papéis.

Na terceira crise, durante a infância, a mobilidade crescente da criança e o desenvolvimento de suas capacidades verbais estimulam seu sentido de iniciativa. As *experimentações* do adolescente são similares às explorações da criança. Analogamente, o sentido de culpa pode obstruir o desenvolvimento de um senso mais intenso de posse interna. O jovem, confuso entre muitas possibilidades, ou limitado por ter poucas opções, pode experimentar um tipo de *fixação de papel* e descobrir que é mais fácil derivar um sentimento de identidade a partir de uma identificação total com aquilo que só em última análise se esperaria que ele fosse, do que ter que lutar por um senso de identidade em papéis aceitáveis que são inatingíveis com seus próprios recursos. Erikson exemplifica o alívio evidenciado pela escolha de uma *identidade negativa* com as declarações de um jovem

> Prefiro ser completamente inseguro do que um pouco seguro.

e de uma jovem prostituta

> Pelo menos, na sarjeta eu sou a maior. (ERIKSON, 1968, p. 178)

Essa escolha drástica, no entanto, não ocorre com a maioria dos jovens. Mesmo as experiências mais excêntricas são classificadas e aceitas pela sociedade como "extravagâncias da mocidade". Segundo Erikson,

> a expressão normal da iniciativa juvenil relativamente isenta de culpa e um tanto "delinqüente" é, todavia, uma experimentação dos papéis que segue as regras tradicionais das sociedades adolescentes. Portanto, não lhes falta uma disciplina própria. (ERIKSON, 1968, p. 184)

Aprendizagem versus paralisia operacional

Durante a adolescência as escolhas referentes ao trabalho são importantes. A escolha ocupacional constitui um elemento crucial na construção da identidade do jovem, uma vez que seu trabalho será importante na determinação da percepção de si próprio e de seu lugar na sociedade. Como nas crises parciais anteriores, é desejável que o adolescente tenha um determinado período de experimentações, uma oportunidade de "tentar" antes de decidir. Erikson afirma que

> as instituições sociais amparam o vigor e distinção da identidade ocupacional florescente, oferecendo um certo *status* de aprendiz aos que ainda estão aprendendo e experimentando uma moratória caracterizada por obrigações definidas e competições sancionadas, assim como por uma tolerância especial. (ERIKSON, 1968, p. 185)

Nesta aprendizagem, podemos observar as influências da quarta crise, que precede a adolescência, associada, sobretudo, ao desenvolvimento de um senso de produtividade. Na avaliação e exploração de sua futura vocação, o adolescente se apóia naquelas capacidades adquiridas durante este estágio anterior.

Em contrapartida, não é difícil perceber como um senso de inferioridade numa criança pode constituir a base de um sentido de "paralisia operacional" na juventude. Erikson enfatiza que:

> Esta descrença na possibilidade de que jamais possam completar alguma coisa de valor (...) é acentuada naqueles que, por alguma razão, não sentem estar compartilhando da identidade tecnológica de seu tempo. Talvez o motivo seja que suas qualidades particulares não são apropriadas às finalidades produtivas da era da máquina, ou que eles próprios se consideram pertencentes a uma classe social (neste caso, a classe alta se iguala perfeitamente à classe baixa) que não participa da corrente do progresso. (ERIKSON, 1968, p. 185)

Polarização sexual versus confusão bissexual

Na adolescência, segundo Erikson, observa-se entre os jovens uma *polarização sexual*, uma antecipação da sexta crise (intimidade *versus* isolamento), que ocorre no início da idade adulta. Erikson admite que há grandes diferenças culturais a este respeito:

> (...) os hábitos sexuais das culturas e classes propiciam o aparecimento de imensas diferenças na diferenciação psicossocial do sexo masculino e feminino e na idade, espécie e onipresença da atividade genital. (ERIKSON, 1968, p. 186)

Mas acrescenta:

> Estas diferenças não podem obscurecer o fato comum (...) de que o desenvolvimento da intimidade psicossocial não é possível, sem haver um firme senso de identidade. (ERIKSON, 1968, p. 186)

Conseqüentemente, a confiança na própria "feminilidade" ou "masculinidade" contribui significativamente para um forte senso de identidade.

No curso das tentativas de escolher estas similaridades e diferenças, o adolescente pode começar a revelar um sentido de *confusão bissexual* e tornar-se inseguro. Ele ou ela podem expressar esta insegurança iniciando prematuramente uma intimidade física, ou, ainda, evitando o contato sexual:

> (...) jovens em confusão podem impedir o desenvolvimento de sua identidade, concentrando-se numa atividade genital prematura sem intimidade; ou, pelo contrário, podem se restringir a finalidades sociais, artísticas ou intelectuais que subjuguem o elemento genital a tal ponto que se manifeste uma fraqueza permanente da polarização genital com o outro sexo. (ERIKSON, 1968, p. 186-187)

Ainda, segundo Erikson, os adolescentes podem atravessar períodos de "atividade genital promíscua", "abstinência completa" ou "jogo sexual sem engajamento genital", que representam ajustamentos temporários que permitem ao adulto jovem o estabelecimento de um equilíbrio em direção à intimidade.

Liderança e sectarismo versus confusão de autoridade

A expansão dos horizontes sociais do adolescente e sua participação numa comunidade mais ampla ajudam-no a estabelecer as bases para o enfrentamento da sétima crise (generatividade *versus* estagnação) na meia-idade. Suas experiências com vários papéis, a iniciação em uma ocupação, seus encontros com o sexo oposto, o ajudarão a localizar-se na sociedade e a antecipar suas contribuições enquanto cidadão, trabalhador e pai. Ele aprende a tomar a responsabilidade de liderança no momento apropriado e também a assumir uma atitude sectária quando necessário.

A ampliação de sua rede de contatos sociais pode tornar o adolescente consciente do fato de que há uma série de demandas divergentes, às quais deve se submeter: o Estado, a escola, sua namorada, seu patrão, seus pais e seus amigos, todos têm um impacto próprio sobre ele. Conseqüentemente, ele pode experimentar um senso de *confusão de autoridade*. Para resolver esta confusão, ele deve comparar estes valores divergentes com os seus, formulando e comprometendo-se com um quadro pessoal de valores.

Comprometimento ideológico versus confusão de valores

A sexta crise parcial (liderança e sectarismo *versus* confusão de autoridade) está intimamente relacionada à sétima. Para se vincular solidamente a sua comunidade, e organizar seu passado com suas experiências atuais, em função de suas aspirações futuras, o adolescente deve possuir aquilo que Erikson denomina senso de *comprometimento ideológico*. Ele deve ter um senso de coerência entre o que ele fez, o que faz e o que planeja fazer, que tudo isso pode ser avaliado segundo os mesmos critérios, acreditando que seus próprios objetivos são significativos no contexto da sociedade mais ampla, que esta irá aprová-los e que lhe dará o apoio necessário. Esta "ideologia pessoal" irá ajudá-lo a superar não só o senso de confusão de autoridade, mas também a evitar uma *confusão de valores*.

Segundo Erikson, a formulação de uma ideologia ou filosofia pessoal permite ao jovem resolver as crises parciais da crise de identidade:

> Do que dissemos até agora, podemos atribuir à ideologia a função de oferecer ao jovem: (1) uma perspectiva simplificadora do ➤

► futuro que abrange todo o tempo previsível e, assim, compensa a "confusão temporal" do indivíduo; (2) uma correspondência fortemente estabelecida entre o mundo íntimo de ideais e perversidade, e o mundo social com suas metas e perigos; (3) uma oportunidade para exibir alguma coerência entre a aparência e o comportamento, neutralizando a consciência de identidade individual; (4) incentivos para uma experimentação coletiva de papéis e técnicas que ajudam a superar um sentido de culpa pessoal; (5) introdução aos valores éticos da tecnologia predominante e, portanto, à competição sancionada e regulamentada; (6) uma imagem do mundo geográfico-histórico como quadro de referência para o início da identidade do jovem; (7) um fundamento racional para um modo de vida sexual compatível com um sistema convincente de princípios e (8) submissão a líderes que, como figuras super-humanas ou "grandes irmãos", estão acima da ambivalência da relação pais-filhos. (ERIKSON, 1968, p. 187-188)

A construção de uma ideologia durante a adolescência favorece a resolução das crises subseqüentes à crise de identidade e também envolve todas as crises do ciclo vital. Podemos perceber aqui que a resolução da última crise de desenvolvimento (integridade do ego *versus* desesperança) é influenciada e prenunciada pelas escolhas e compromissos que são estabelecidos ao final da adolescência.

A construção de um senso de identidade, como foi definido por Erikson, é um processo complexo, influenciado por todas as instituições culturais. Entretanto, ele identificou uma virtude específica, ou qualidade humana essencial, que se origina na adolescência – a busca da *fidelidade*:

> A busca, na vida dos jovens, de algo e de alguém que seja autêntico, pode ser revelada através de uma variedade de iniciativas mais ou menos sancionadas pela sociedade. Ela freqüentemente se esconde numa surpreendente combinação de devoção instável e súbita perversidade, algumas vezes mais devotada do que perversa, outras vezes mais perversa do que devotada. Entretanto, em toda a aparente variabilidade da juventude pode ser detectada a busca de alguma estabilidade na mudança, quer no rigor do método científico e técnico ou na sinceridade da obediência; na velocidade dos relatores históricos e de ficção, ou ►

> na justiça das regras do jogo; na autenticidade da produção artística e na alta fidelidade da reprodução ou na sinceridade das convicções e na idoneidade dos compromissos. Esta busca é facilmente mal interpretada e muitas vezes vagamente compreendida pelo próprio indivíduo, porque a juventude, sempre decidida a aprender a diversidade de princípios e o princípio da diversidade, deve testar freqüentemente os extremos, antes de estabelecer um determinado rumo. (ERIKSON, 1968, p. 235-236)

A procura da fidelidade por parte do adolescente deve ocorrer dentro de uma comunidade, mas ela também pode, em última instância, realçar a comunidade. Os jovens que procuram desenvolver um forte senso de identidade geralmente retiram o que necessitam das gerações "mais velhas" – as tradições, valores e costumes do passado – e colocam sua própria marca sobre o que eles assimilaram. Aqueles que alcançaram um "senso consciente da singularidade individual" conservam uma "solidariedade com o ideal do grupo" mas também reconhecem que a forma pela qual eles integram suas próprias experiências e percepções é pessoal. Portanto, há um aspecto criativo na formação da identidade, e a vitalidade das sociedades depende disso.

O *status* de identidade

Uma das várias tentativas de aplicar diretamente os conceitos da teoria psicossocial de Erikson foi o estudo de James Márcia (1966). Ele desenvolveu uma medida denominada *status de identidade*, utilizada com adolescentes e adultos jovens. Márcia identificou quatro pontos de concentração ao longo do contínuo *identidade-confusão de papéis:* identidade realizada, moratória, execução e difusão de identidade. Para definir cada **status de identidade**, ele considerou a extensão em que o indivíduo havia experimentado uma **crise de identidade**, empenhando-se na escolha entre alternativas significativas e assumindo um **compromisso** com essas escolhas.

Ele empregou uma entrevista semi-estruturada para estabelecer o grau de crise e compromisso apresentado pelo indivíduo nas áreas ocupacional e de ideologia política e religiosa. Posteriormente, em outro estudo, ele incluiu o domínio da sexualidade.

O indivíduo que está com a *identidade realizada* é aquele que passou por um período de crise, explorou várias possibilidades e estabeleceu compromissos ocupacionais, ideológicos e sexuais. O indivíduo que ainda permanece na *moratória* está passando pela crise, seus compromissos ainda são vagos, mas ele parece estar lutando para resolvê-los, embora ainda esteja envolvido com questões adolescentes, tentando negociar os desejos parentais, as exigências sociais e as capacidades pessoais. Uma pessoa em *execução* fez compromissos sem ter passado pela crise, suas atitudes e metas refletem rigidamente os desejos parentais. O jovem em *difusão de identidade* pode ou não ter passado pela crise de identidade, mas sua característica principal é a falta de compromissos e a ausência de preocupação em relação à ocupação, ao quadro pessoal de valores e à sexualidade.

Atividades

Utilizando o roteiro abaixo, entreviste jovens que estejam cursando o último ano do Ensino Médio, cursos preparatórios para o vestibular, ou primeiro ano de faculdade.

Roteiro de entrevista semi-estruturada para determinação do status *de identidade (Márcia, 1966; adaptado por Pereira, 1978)*

Introdução
- Que idade você tem?
- Onde você nasceu? Onde viveu a maior parte de sua vida?
- Qual o grau de instrução de seu pai? E sua ocupação?
- Qual o grau de instrução de sua mãe? E sua ocupação?

Ocupação
- Você está estudando..; o que você pretende fazer com isso?
- Quando você decidiu por ....? Nunca se interessou por outra coisa? Quando? O que lhe atrai em ....?
- A maioria dos pais tem planos para seus filhos, coisas que eles gostariam que eles fizessem. Seus pais tiveram (ou têm) tais planos?
- Qual é a opinião de sua família sobre seus planos?
- Você acha que você mudaria de idéia se algo melhor aparecesse?

Religião
- Você tem alguma crença religiosa? E sua família?
- Você costumava freqüentar alguma igreja? E atualmente?
- Você costuma discutir religião? Com quem?
- Qual é a opinião de seus pais sobre suas crenças religiosas? Elas diferem das deles?
- Houve alguma época em que você tenha colocado em dúvida suas crenças religiosas? Quando? Como isso aconteceu? E agora, como estão essas coisas para você?

Política
- Você tem alguma preferência política? E seus pais?
- Você já exerceu alguma ação política, como por exemplo: escrever panfletos, participar de grupos, de algum partido?
- Há alguma questão política que lhe preocupa em especial?
- Quando se estabeleceram suas crenças políticas?
- Em quem você votaria para presidente?

Sexo
- Qual é sua opinião sobre as relações sexuais antes do casamento?
- Quais são os critérios que você adota para determinar seu comportamento sexual?
- Você sempre pensou assim? Alguma vez teve dúvidas? Como elas foram resolvidas?
- O que seus pais pensam, ou pensariam, de seus padrões e comportamentos sexuais?
- Você acha que há algum conflito entre suas idéias, emoções e comportamentos sexuais? Poderia dar um exemplo? Como você lida com esses conflitos? Quão freqüentemente ocorrem?

Relacionamentos

*Quando o amor vos acenar, segui-o.
Embora seus caminhos sejam árduos e íngremes.*

Kahlil Gibran

Os adolescentes e a família

Como se viu, a adolescência é um tempo de grandes transformações, tanto fisiológicas, quanto psicológicas. Em função disso, é um período de dificuldades e conflitos familiares. Os pais, muitas vezes, se mostram confusos e irritados com a conduta de seus filhos nessa fase de transição. Aquelas crianças que antes acatavam suas opiniões e diretrizes passam a questionar e, freqüentemente, a se rebelar contra os valores paternos.

A adolescência é um período de dificuldades para o jovem e para sua família. Os adolescentes buscam ativamente a autonomia, a independência e um senso de controle de suas próprias vidas, defendendo tudo aquilo que lhes pertence, incluindo sua maneira de pensar. É uma época de definição da personalidade, na qual o modelo de perfeição dos pais é desconstruído. Nesse processo, o idealismo infantil dirigido aos pais vai se diluindo e estes deixam de ser pessoas perfeitas para serem aceitos como seres humanos com defeitos e qualidades.

Embora muitos pais compreendam intelectualmente que esse é um momento necessário ao processo de crescimento de seus filhos, na prática do dia-a-dia eles colocam obstáculos que dificultam a consecução desses objetivos por parte de seus filhos.

Os pais também podem estar enfrentando uma crise de identidade, pois geralmente estão entrando na meia-idade. No momento em que seus filhos se aproximam do máximo vigor físico e sexual, eles se defrontam com o fato de já terem ultrapassado esta etapa, estando agora a caminho do declínio biológico. Tal perspectiva pode ser assustadora numa sociedade que valoriza demasiadamente a juventude.

O período de adolescência dos filhos também pode constituir um período de reavaliação em outros sentidos. Eles se tornam conscientes de que, se ainda não realizaram alguns de seus antigos sonhos vocacionais por volta dos quarenta anos, dificilmente os realizarão mais tarde. Uma mulher que na juventude abandonou projetos pessoais e profissionais em favor de tornar-se esposa e mãe, ou que utilizou o relacionamento com os filhos como uma forma de compensação para outras frustrações, tem que encarar o fato de que eles estão crescidos e logo a deixarão. O ninho ficará vazio e ela terá que dar um sentido a sua vida.

Novos tipos de relacionamentos devem ser estabelecidos entre pais e filhos. Os primeiros devem ser capazes de reconhecer – e encorajar – as necessidades crescentes de independência de seus filhos. Permanecer pensando neles como crianças e tratá-los dessa forma é predispor-se a futuros problemas, seja na forma de uma rebelião explosiva ou de uma dependência imprópria e crescente.

A verdadeira independência, no entanto, não se constrói num único dia. Durante a adolescência, a dependência continua a existir, quase sempre numa relação assimétrica, difícil e frágil com a necessidade de independência. O adolescente necessita de uma base de segurança e estabilidade no lar e nos pais, enquanto se dedica a interesses mais prementes. Ele necessita da casa dos pais como "um cantinho quente" para onde voltar quando surgirem problemas no mundo externo.

Paralelamente ao aumento da independência surgem mudanças no relacionamento afetivo entre pais e filhos. Na medida em que vai atingindo a maturidade emocional, social e sexual, o jovem passa, gradualmente, a transferir para os colegas, para os "melhores amigos", para os namorados e namoradas vínculos afetivos que eram anteriormente reservados quase que exclusivamente aos próprios pais.

A adaptação a esses novos tipos de relacionamentos pode ser mais difícil tanto para pais, quanto para adolescentes. Algumas mães, por exemplo, desejam conscientemente que seus filhos tenham uma vida feliz e compensadora, mas os mantêm "amarrados à barra de suas saias", incentivando sua dependência.

O ajustamento dos jovens à separação afetiva de sua família pode implicar momentos dolorosos para ambos os lados. Inevitavelmente haverá sensações ocasionais de perda e de saudade, um período de luto em que todos terão como tarefa elaborar a dor da perda de um passado, de uma época anterior "quando todos estavam juntos".

O grau de autonomia que o adolescente adquire varia de acordo com fatores culturais, que desempenham também um papel importante nesse caso. Nas sociedades que valorizam predominantemente o individualismo, os adolescentes tendem a buscar a autonomia de suas famílias relativamente cedo. Nas sociedades em que o coletivismo prevalece, como, por exemplo, nas culturas orientais, o bem-estar do grupo é visto como mais importante do que o do indivíduo. Segundo Feldman & Rosenthal (1990), nessas sociedades as aspirações adolescentes de adquirir autonomia são menos pronunciadas.

Os conflitos com os pais são, muitas vezes, inevitáveis e previsíveis, especialmente durante os primeiros anos da adolescência. Nessa fase, os jovens, cujo horizonte mental se expande, começam a perceber que os valores e a forma de vida de sua família não são os únicos e são capazes de perceber não só que há lugar para valores, crenças e formas diferentes de se fazer as coisas, mas também que a maneira de ser de outros pais pode até ser melhor que a de seus próprios. Eles agora são capazes de realizar julgamentos, podendo até concluir que, embora seus pais não tenham todas as respostas, têm opiniões e idéias – conseguidas algumas vezes por meio de penosas experiências – que ainda podem ser úteis, e são pelo menos válidas.

Outro motivo comum de conflitos familiares é a dificuldade que muitos pais têm em entender que regulamentos e normas que podiam ser adequados quando seus filhos eram pequenos, agora não o são mais. O problema pode se agravar ainda mais pelas incoerências do adolescente. Como já se assinalou, eles apresentavam sentimentos ambivalentes em relação à própria independência. Eles sabem que, cedo ou tarde, terão que se tornar independentes, definir seus próprios rumos no mundo e ser responsáveis pelas próprias ações. De muitas maneiras a perspectiva de "liberdade" é sedutora.

Mas a perspectiva de assumir responsabilidades também é, algumas vezes, assustadora. Então a segurança da dependência infantil, a certeza de que a mãe e o pai de alguma maneira "põem as coisas nos lugares certos" também será atrativa.

Esses conflitos entre necessidades de autonomia e dependência podem acarretar oscilações súbitas e imprevisíveis nas atitudes e nos comportamentos. O adolescente pode ser surpreendentemente maduro, independente e responsável num momento, e infantil e pouco confiável em outro. Quando os pais pensam que seu filho, ou filha, alcançou maior liberdade pode acontecer alguma coisa que os leve a duvidar que algum dia ele, ou ela, chegou realmente a crescer. Muitas vezes eles se desesperam quando seus filhos esquecem um compromisso importante, fazem planos e depois decidem não realizá-los, comprometem-se a fazer algumas tarefas necessárias e depois esquecem-nas, ou resistem indignadamente à insistência dos pais quanto à necessidade de se prepararem para uma prova escolar.

Na sociedade contemporânea, devido às mudanças tecnológicas, sociais, morais e políticas extremamente rápidas que têm ocorrido nas últimas décadas, são muitas as dificuldades quanto ao que se deva esperar dos adolescentes e de como persuadi-los a satisfazer essas expectativas. Nunca, na história conhecida da humanidade, houve uma quantidade tão grande de informações em circulação. Os jovens de hoje cresceram num mundo nitidamente diferente do mundo de seus pais, cuja experiência como crianças e adolescentes talvez venha a ser quase inútil como guia para compreender as necessidades, os problemas e os objetivos de seus filhos.

Apesar de tudo, muitos pais e jovens se saem bem, com momentos de inquietude, mas sem conflitos intransponíveis, nem rompimentos sérios.

Os meios de comunicação, principalmente o cinema norte-americano, em alguns momentos pintaram os adolescentes e seus pais como tendo pontos de vista diametralmente opostos a respeito do mundo e relacionamentos explosivos. Por exemplo, um adolescente ambientalista com um pai dono de uma fábrica poluidora, ou um pai empresário com um filho com idéias socialistas. Esses exageros podem parecer divertidos, principalmente quando se assume que eles podem conter um fundo de verdade, porque os adolescentes e os pais freqüentemente não vêem as coisas do mesmo modo. Mas, o fato é que também conduziram à criação de um mito, do conflito de gerações, no qual os pais e os filhos estariam divididos em mundos diferentes, com atitudes, valores e aspirações conflitantes.

Na maioria dos casos, os conflitos com os pais envolvem problemas de liberdade pessoal. São familiares a muitos pais as seguintes queixas dos adolescentes: "Não vejo por que tenho que estar em casa à meia-noite, quando os meus amigos podem chegar mais tarde!"; "Por que você sempre me trata como criança?"; ou "Você não me entende!"

Embora aparentemente dramáticos, a maioria dos conflitos entre pais e filhos adolescentes são sobre assuntos como: horários de chegar em casa ou de dormir, permissão para ir a festas ou para viajar com os amigos, realização de tarefas caseiras, o dinheiro justo para seus gastos, a escolha de roupas e penteados e os tipos de amizades, por exemplo. O conflito de gerações, quando existe, está mais restrito àqueles grupos de pais que impõem limites a seus filhos de modo rígido, hostil e autoritário. De resto, os adolescentes tendem muito mais a partilhar os valores sociais, políticos e religiosos dos pais, mesmo que com uma leitura pessoal. Embora haja notáveis exceções, os relacionamentos entre pais e filhos adolescentes tendem mais a serem positivos do que negativos.

Mas por que alguns pais são bem-sucedidos e outros não? Por que alguns adolescentes se tornam adultos confiantes, competentes e seguros de seu próprio sentido de identidade e de suas relações familiares, enquanto que outros saem da adolescência ainda indefinidos, dependentes, com auto-estima baixa, amargos e alienados, ou com problemas psicológicos? Muitos fatores podem estar envolvidos: exclusão social, pobreza, influência dos companheiros, escolarização deficiente, e até mesmo fatores genéticos. Mas, não há dúvidas de que o sistema familiar é uma das influências específicas mais significativas, que podem auxiliar ou dificultar o adolescente no enfrentamento das demandas de seu próprio desenvolvimento no mundo de hoje.

RESPOSTAS DE UMA MÃE DE ADOLESCENTES

1. Como você se sente sendo mãe de um adolescente? Como é sua experiência?

   Ser mãe já é uma grande diferença em nossa vida, pois desde que o filho nasce tudo muda para você. Você tem que cuidar de mais alguém e não só de você. A gente passa a pensar mais nos outros e não só a viver a nossa vida.

   Como mãe de adolescente acho que estou acertando mais do que errando, mas é uma fase diferente na educação do filho quando ele começa a pensar e questionar tudo e todos.

   O fato de percebermos que a conversa não é mais infantil nos faz pensar em muitas coisas, tais como no que vamos responder e em qual situação podemos "abrir o jogo" com uma conversa mais franca e amiga. ▶

> Acho que minhas filhas são minhas amigas, mas respeito e gosto que elas tenham sua privacidade, seus segredos, porque na verdade eu sou a mãe. E mãe é para tudo, até para resolver os maiores "pepinos", mas elas vão saber perceber quando realmente um conselho da mãe pode ser importante.

2. O que mudou em sua vida quando seu(sua) filho(a) se tornou adolescente? Foi difícil acostumar-se com isso?

O que mais mudou foi que eu mesma cresci, fiquei mais atualizada e consegui ver melhor meus erros e minhas dificuldades, não com tristeza, mas sim com maturidade.

3. Quais são suas maiores dificuldades com seu(s) filho(s) adolescente(s)?

Minha maior dificuldade na verdade é com as drogas, que me preocupam demais, porque nunca experimentei e não sei lidar com isso. Acho que hoje também é difícil lidar com a preocupação que as meninas têm de serem magras, com "tudo em cima", como as modelos. Isso para mim é uma loucura, preocupação exagerada com a aparência sem pensar no mental e físico, que acabam se deteriorando com essas manias.

Sônia, 39 anos

Os adolescentes e o grupo de pares

Os companheiros ou pares – colegas da mesma idade com os quais o jovem tende a passar a maior parte do tempo – desempenham um papel decisivo no desenvolvimento psicológico e social da maioria dos adolescentes. Essa segregação em função da idade é especialmente nítida em sociedades como a nossa, onde o ingresso no mundo adulto do trabalho e das responsabilidades familiares é cada vez mais adiado.

Embora a influência dos companheiros não comece na adolescência, ela é especialmente crítica nesse período. As relações com os companheiros do mesmo sexo e do sexo oposto, durante os anos da adolescência, servem como protótipos dos relacionamentos adultos posteriores.

Os adolescentes também são mais dependentes de sua relação com os companheiros do que as crianças, simplesmente porque os vínculos com os pais se tornam cada vez mais frouxos à medida que o adolescente vai adquirindo maior independência. Além disso, as relações com os membros da família podem se tornar conturbadas em razão de conflitos emocionais que surgem durante os primeiros anos da adolescência – anseios de dependência coexistindo com uma luta pela independência, hostilidade misturada com amor, bem como conflitos entre valores intrafamiliares e extraculturais e comportamento social. Em conseqüência disso, muitas áreas da vida interior do adolescente e de seu comportamento manifesto são difíceis de compartilhar com os pais. Os pais, por sua vez, podem ter dificuldades em compreender e compartilhar os problemas dos filhos adolescentes, mesmo que se esforcem para isso. Eles estão em uma posição que pode ser vista por ambos os lados como uma barreira, independentemente de suas boas intenções.

No entanto, as pessoas precisam – durante a adolescência – ser capazes de partilhar com os demais emoções fortes e, às vezes, desconcertantes, bem como dúvidas e sonhos. A adolescência costuma ser um período de intensa sociabilidade, mas também de intensa solidão. O simples estar com os outros não resolve o problema; não raro, o jovem se sente mais só no meio de uma turma, numa festa ou num baile. Isso quer dizer que a aceitação por parte dos companheiros em geral e, especialmente a relação com um ou mais amigos íntimos, pode ser de importância capital na vida do jovem. O papel do grupo de companheiros é particularmente importante para auxiliar o indivíduo a definir a própria identidade: em nenhuma outra etapa do desenvolvimento o senso de identidade é tão fluido.

A grande importância do grupo de companheiros durante a adolescência manifesta-se no fenômeno da **conformidade ao grupo**, a necessidade de se adequar aos padrões, comportamentos, manias e modismos do grupo. Muitas vezes os pais podem ficar intrigados, perguntando-se por que parece tão importante a seus filhos e filhas adolescentes ter uma marca específica de roupa, comprada em uma determinada loja que esteja na moda no momento, e não outra, ou por que só ouvem determinado tipo de música, usam um penteado, ou determinada linguagem, ou assistem a alguns programas na televisão. Esses apegos apaixonados, que podem mudar subitamente, podem parecer arbitrários e triviais. Mas, para o adolescente, a quem eles servem como símbolo de pertinência ao grupo de iguais e como uma apólice de seguro para o futuro, são tudo, menos triviais. Eles servem também para estabelecer fronteiras nítidas, ainda que superficiais, com o mundo dos adultos. Os adolescentes, cuja infância já ficou para trás e cuja vida adulta ainda permanece no futuro, são praticamente forçados a criar ao menos um simulacro de "cultura provisória" para si próprios, para diferenciar-se da cultura dos adultos.

O círculo de conhecidos de um adolescente é muito mais amplo do que o de uma criança; as relações com os companheiros tendem a enquadrar-se em três categorias: a *turma*, mais ampla; a *panelinha*, menor e mais íntima, e as *amizades pessoais*. A turma serve como um reservatório para as atividades sociais mais amplas e organizadas, enquanto que a panelinha, mais íntima e coesa, proporciona uma fonte de segurança e companheirismo. Nesse pequeno grupo, baseado na atração mútua, os membros podem trocar informações, debater planos para as atividades da turma e compartilhar alguns de seus sonhos, esperanças e preocupações – embora não com a mesma intensidade com que o fazem com um amigo mais próximo. Os grupos femininos tendem a ser relativamente pequenos e centrados principalmente nas relações interpessoais; os grupos masculinos tendem a ser um pouco maiores, menos íntimos e mais concentrados em atividades como esportes e passatempos.

Entre as relações que os adolescentes estabelecem com os companheiros, as amizades ocupam um lugar especial. São mais íntimas, envolvem sentimentos mais intensos e são mais francas e honestas do que outras relações. Há menos defesas ou esforços conscientes no sentido de desempenhar papéis que proporcionem maior popularidade e aceitação. Em tais relacionamentos há confiança, não há necessidade de simulação, não é necessário ficar em guarda contra a possível divulgação de segredos trocados.

Os adolescentes esperam que os amigos sejam leais, dignos de confiança e que sejam uma fonte segura de apoio em qualquer crise emocional. Nas palavras de uma garota de 14 anos: "Um amigo não fala de você pelas costas. Se for amigo verdadeiro, ele o ajudará a superar as dificuldades, sempre lhe dará cobertura e o ajudará a vencer as confusões. E nunca o trairá. Amigo é isso".

No melhor dos casos, os amigos podem ajudar o jovem a aprender a lidar com os próprios sentimentos e com os de outros. Podem servir como uma espécie de depositários, na medida em que permitem a livre expressão dos sentimentos de raiva e ansiedade, que de outra forma seriam reprimidos. Proporcionam também uma prova valiosa de que o adolescente não está sozinho naquilo por que está passando. Como disse um jovem de 16 anos: "Meu melhor amigo significa muito para mim. Falamos de uma porção de coisas sobre as quais eu não consigo falar com meus pais nem com outros garotos, como as discussões que temos ou os problemas com que nos preocupamos, ideais e coisas assim. Isso realmente nos ajuda a saber que não somos os únicos a ter coisas que amolam os outros".

No entanto, as amizades entre adolescentes nem sempre são tranqüilas. Exatamente por serem intensas elas podem durar menos que as dos adultos (que geralmente impõem menos exigências, mas podem ser menos gratificantes). Os jovens com mais problemas pessoais podem sentir uma necessidade maior de ter amigos íntimos, embora sejam menos capazes de conservá-los. Mesmo as amizades mais estáveis entre adolescentes podem cair no vazio apenas porque cada uma das partes está atravessando um período de rápidas transformações, de mudanças de necessidades, sentimentos e problemas que, em sua natureza, raramente coincidirão. Os pais às vezes estranham a escolha dos amigos, feita pelo adolescente. Embora, em geral, os amigos tendam a provir do mesmo meio social e a terem afinidades quanto a personalidade, interesses e objetivos, pode ocorrer a "atração pelos opostos", geralmente porque o jovem encontra no amigo alguma qualidade que considera desejável mas que ele mesmo não possui, ou que potencialmente tem, mas reprime. Há uma frase de Freud que ilustra esse fato: "Quem possui as qualidades sem as quais o ego não pode realizar seu ideal é que será amado". (FREUD, S., 1914)

À medida que se aproximam os anos intermediários da adolescência, as amizades se tornam mais íntimas, mais interdependentes em seus aspectos emocionais e mais focalizadas na personalidade dos participantes do que durante os anos anteriores.

A oportunidade de trocar idéias e sentimentos pode auxiliar e facilitar a transição para as relações heterossexuais e para desenvolver um senso de identidade sexual. Nessa época as amizades são mais vulneráveis, porque são excessivamente intensas. Por outro lado, no final da adolescência mesmo as amizades mais íntimas tendem a ser mais calmas e estáveis.

Nos limites dessas tendências gerais, também existem diferenças de gênero nas amizades travadas na adolescência. As amizades femininas tendem a ser um pouco mais profundas, mais francas e emocionalmente interdependentes, mais centradas no apoio e no encorajamento mútuo. Os rapazes parecem buscar companheiros mais semelhantes a eles, com quem possam compartilhar interesses; essas amizades também podem ser aparentemente competitivas, com poucas demonstrações físicas de afeto, devido aos tabus sociais concernentes aos papéis masculinos.

Devido ao fato de os companheiros exercerem papel tão importante na vida da maioria dos adolescentes, a aceitação social é provavelmente um dos maiores problemas para a maioria dos jovens. Poucos adolescentes – ou adultos – são imunes aos efeitos da indiferença ou da rejeição social. Apenas alguns jovens, confiantes em seus próprios interesses e objetivos e com forte senso de identidade própria podem não necessitar ou não buscar aprovação de seus companheiros. Os jovens, na sua maioria, avaliam o próprio valor baseados na forma como os outros reagem a eles e permanecem, assim, dependentes da aprovação e do reconhecimento dos companheiros.

Os adolescentes impopulares podem cair num círculo vicioso. Se já tiverem alguma dificuldade emocional, se forem preocupados consigo mesmos e se lhes faltar um auto-conceito estável provavelmente se defrontarão com a rejeição ou com a indiferença dos companheiros o que, por sua vez, lhes diminuirá ainda mais a autoconfiança e aumentará a sensação de isolamento social. Ser aceito socialmente pelos outros adolescentes é algo desejável, especialmente se tal aceitação se basear em reciprocidade e em interesses comuns. Por outro lado, uma ênfase exagerada na popularidade, ou na necessidade de se "ajustar" à sociedade, em vez de procurar alcançar as próprias metas e realizar seus sonhos pode causar sofrimento pela sensação de "falta de pertinência" naqueles momentos em que ocorrer algum revés.

Os relacionamentos amorosos

Durante a pré-adolescência, meninos tendem a associar-se a meninos, e meninas, a meninas. Quem não se lembra do "clube do Bolinha" e do "clube da Luluzinha"? Há uma cautela com relação ao sexo oposto que, ao menos em parte, representa uma autoproteção e defesa, e previne, por exemplo, as relações heterossexuais prematuras, que o jovem adolescente não está preparado para enfrentar e que, conseqüentemente, poderiam produzir ansiedade. Não admira que se possa ouvir um menino de 11 anos descrevendo as meninas como "verdadeiras ameaças", ou uma menina dessa mesma idade bradar: "Meu Deus! Por que existem meninos neste mundo?" À medida que ingressa na adolescência, a cautela com o sexo oposto diminui, e o interesse heterossexual aumenta. Não obstante, as relações entre os sexos em seus estágios iniciais ainda refletem muitas características da pré-adolescência.

O envolvimento emocional profundo é raro, e geralmente há um aspecto lúdico e superficial nas interações heterossexuais. Nessa fase as atividades heterossexuais em grupo são mais comuns, proporcionando a segurança de ter presentes alguns conhecidos do mesmo sexo. Tais atividades constituem formas de experimentação de papéis, que levam o jovem a descobrir modos de se relacionar com o sexo oposto sem ter que enfrentar longos períodos de intimidade face a face ou assumir compromissos para os quais não se sentem ainda preparados... Uma dessas formas de relacionamento é o *ficar*, prática que se difundiu entre os jovens a partir da década de 1990 e que consiste em: beijar, abraçar, trocar carícias com outra pessoa (conhecida ou não) durante alguns momentos ou por um dia, podendo até chegar à relação sexual. Sua principal característica é a ausência de compromisso no dia seguinte, quando tudo continua como se nada tivesse acontecido:

> Minhas amigas faziam concurso de quem *ficava* mais nas festas e eu achava aquilo ridículo.
>
> S., 15 anos

> Se eu começar a namorar agora, pode ser que dure para o resto da vida. Aí, eu não vou ter aproveitado nada.
>
> L., 16 anos

FICAR E NAMORAR

NOME: T. P.
IDADE: 15 anos
SEXO: masculino

1. O que é *ficar* para você? Com que idade ficou pela primeira vez?

Nem curto ficar. Acho que é algo sem compromisso, meio mecânico até. Fiquei pela primeira vez da quinta pra sexta série, com 12 anos. ▶

2. Qual é a diferença entre ficar e namorar?

>Namorar tem compromisso, namorar é um negócio mais sério, em que as pessoas se conhecem muito melhor, onde um depende muito do outro.
>No namoro é onde rola o sentimento de verdade, porque se você não gosta da pessoa de verdade, você não namora com ela.

3. Com quantas pessoas você já ficou? É importante o número? Por quê?

>Nem um pouco importante, tanto que eu nem sei o número de com quantas meninas já fiquei. Na verdade se for contar número mesmo, eu fiquei com muito poucas meninas, mas eu fiquei várias vezes com algumas, e qualidade é muito melhor que quantidade na minha opinião. Números às vezes não dizem nada.

4. Você conversa sobre isso com seus(suas) amigos(as)?

>Sim, converso. Com os mais íntimos.

5. O que seus pais pensam sobre isso?

>Ah, minha mãe é minha amiga e a gente conversa abertamente sobre tudo, ela até me dá uns toques, me ouve. Sei lá, sem problemas, ela acha normal, coisa da idade. A gente se entende bem.
>Com meu pai, eu nunca tentei falar sobre o assunto, porque a gente não tem muita intimidade mesmo.

NOME: P. D.
IDADE: 15 anos
SEXO: feminino

1. O que é *ficar* para você? Com que idade ficou pela primeira vez?

➤ Ficar pra mim é conhecer um pouco mais sobre uma pessoa, que na sua opinião é "especial". Fiquei pela primeira vez com 13 anos.

2. Qual é a diferença entre ficar e namorar?

Na minha opinião, ficar é um pouco mais liberal. Mas mesmo assim tem que rolar respeito com o outro. Por exemplo, você pode ficar com o menino num dia e no outro apenas falar com ele e tal. Já namorar, rola a fidelidade e tal.

3. Com quantas pessoas você já ficou? É importante o número? Por quê?

Já fiquei com 4. Sei lá, eu não dou valor pro número não, mas acho que o número acaba comprometendo a moral, a imagem da pessoa. Mas é claro que depende muito da pessoa, da circunstância...

4. Você conversa sobre isso com seus(suas) amigos(as)?

Converso muito, sempre!

5. O que seus pais pensam sobre isso?

Ah, eles falam que confiam em mim, mas que eu também tenho que ser consciente do que estou fazendo e saber os meus limites.

NOME: F. G.
IDADE: 16 anos
SEXO: masculino

1. O que é *ficar* para você? Com que idade ficou pela primeira vez?

Ficar é beijar quando der vontade. Sem compromisso. Com 11 anos! ➤

➤ *2.* Qual é a diferença entre ficar e namorar?

    Ficar é só beijar, não tem muito sentimento, nem compromisso. Namorar é quando você gosta mesmo de alguém, rola um sentimento, e tem compromisso.

3. Com quantas pessoas você já ficou? É importante o número? Por quê?

    Já fiquei com 13, mas nem importa quantidade pra mim porque o importante é com quem foi e tal.

4. Você conversa sobre isso com seus(suas) amigos(as)?

    Converso sempre, e acho que isso é muito importante, ajuda muito!

5. O que seus pais pensam sobre isso?

    Eles deixam eu ficar numa boa, só dão aqueles conselhos que todo pai dá: se for fazer algo mais que beijar, usa camisinha etc., etc.

NOME: K. N.
IDADE: 16 anos
SEXO: feminino

1. O que é *ficar* para você? Com que idade ficou pela primeira vez?

    Não sei exatamente o que é ficar pra mim! Acho que é qualquer coisa longe de um compromisso! Com 11 anos!

2. Qual é a diferença entre ficar e namorar?

    Quando você namora, você deve mais satisfação... você se prende mais!

3. Com quantas pessoas você já ficou? É importante o número? Por quê? ➤

> ➤ Não sei quantos, acho que isso não importa, porque você não fica pra dizer: "Ah, agora já foram 20..." Você fica porque você está a fim do cara e tal.
>
> **4.** Você conversa sobre isso com seus(suas) amigos(as)?
>
> Até que converso sim.
>
> **5.** O que seus pais pensam sobre isso?
>
> Eles nem se metem. Eu sei que quando precisar eles vão me ajudar, e quando eu namorar eles vão querer conhecer o menino. Mas essas coisas de ficar, eles nem se envolvem.

Gradualmente, o jovem se familiariza com os indivíduos do sexo oposto, passando a confiar na própria capacidade de lidar com eles. Ao mesmo tempo, o aumento da maturidade pessoal – menos narcisismo, um senso de identidade mais definido e uma capacidade maior de se interessar pelos outros – pode levar a relações mais profundas e significativas. No melhor dos casos, tais relações incluem a atração sexual e a diversão social, bem como sentimentos de confiança mútua, uma genuína comunhão de interesses e um sério envolvimento com o bem-estar do outro.

O adolescente que restringe prematuramente suas relações a um único membro do sexo oposto pode perder diversas experiências, que seriam importantes para seu desenvolvimento. Ele não desfruta, por exemplo, os benefícios de uma amizade com alguém do mesmo sexo. Quando dois jovens passam a "namorar firme" numa idade em que ainda estão social e emocionalmente imaturos, a própria relação pode ser prejudicada, além do risco de comprometer o desenvolvimento dos mesmos como pessoas maduras e autoconfiantes. Eles perdem a oportunidade que a adolescência lhes proporciona para conhecer, compreender e desfrutar de uma ampla variedade de amizades com ambos os sexos, com seres humanos em geral e não apenas com uma única pessoa.

Será que o rapaz ou a moça que se casam com quem namoram na escola têm casamento mais feliz que os outros jovens? Se ambos se casaram ainda adolescentes, a resposta, de modo geral, é não. Na sociedade contemporânea as condições para o casamento são complexas e difíceis de satisfazer em qualquer idade, como bem atesta a taxa sempre crescente de divórcios. Os encargos envolvidos serão provavelmente ainda maiores no caso de adolescentes, que talvez ainda estejam lutando para concluir os estudos, para encontrar a própria vocação ou simplesmente para decidir quem realmente são e o que pretendem ser. Via de regra, os adolescentes casados também são economicamente instáveis ou dependem do apoio financeiro dos pais, o que também pode gerar problemas.

Os casamentos entre adolescentes são mais complicados quando resultam de uma gravidez. Em tais casos, os jovens podem não se casar com a pessoa que realmente escolheriam. E mesmo que o façam, eles dispõem de menos tempo para se adaptar um ao outro e às demandas do casamento, antes de assumir as responsabilidades e restrições impostas pela criação dos filhos.

Conseqüentemente, quanto mais jovem for o casal, maior será a probabilidade de ocorrência de divórcio ou separação legal. Isso não quer dizer que o casamento entre adolescentes não possa ser bem-sucedido. Com a ajuda e o apoio das famílias tais uniões podem vir a ser bem-sucedidas, embora o caminho a percorrer nem sempre seja fácil.

O PRIMEIRO AMOR NA ADOLESCÊNCIA

O primeiro amor vivido na adolescência apresenta características do amor romântico: seu elemento predomina sobre o ardor sexual, embora o abarque. É um amor idealizado, um encontro de almas. O outro é distinguido enquanto alguém especial, com qualidades de caráter.

Há a projeção, na idealização do outro e também no "amor à primeira vista". Muitas vezes a percepção de que o outro "não era o que parecia" traz decepções e sofrimentos. O adolescente não parece ter maturidade para retirar as projeções e percebê-las enquanto conteúdos próprios. Quando acontece da projeção ser retirada, ela é logo redirigida a outro ser amado.

Não aparecem preocupações quanto aos papéis dentro da relação. A igualdade de direitos entre os sexos se evidencia através da liberdade de ambos em "ficar", sendo este um novo ➤

➤ modo de se relacionar que permite ao adolescente experimentar novas sensações, experiências e relações.

A maior característica constatada no primeiro amor, a intensidade, é percebida principalmente através da descrição das sensações:

> *...nesse momento minhas mãos começaram a suar, comecei a ficar sem pulsação, meus pés tremiam como duas varas de bambu, simplesmente alguma coisa me disse que não podia ficar mais longe dela...*
> Adolescente, sexo masculino, 15 anos

> *Quando você olha para alguém, e sente pela primeira vez aquela emoção, você fica trêmula, o seu coração dispara, você está amando alguém, daquele dia em diante você não é mais a mesma pessoa.*
> *Você passa a olhar as coisas com outros olhos... um suspiro, um olhar brilhante, um sorriso na face que embeleza todas as dores e tristezas do mundo.*
> Adolescente, sexo feminino, 12 anos*

Esta intensidade pode estar relacionada às mudanças físicas e hormonais, à descoberta de novas sensações, ao despertar para o amor e para a beleza. Não há diferenças significativas entre os sexos no que se refere à vivência do primeiro amor.

O primeiro amor é caracterizado por sua intensidade e idealização, tanto do outro como da relação. Concretiza-se através do ficar, do namorar e da amizade. Como conseqüência, há a descoberta de novos sentimentos, sensações em si mesmo e no outro e, portanto, o amadurecimento. Podemos até considerá-lo enquanto "experiência culminante", no sentido proposto por Abraham Maslow, já que permite uma nova maneira de encarar a vida e vivenciar o mundo.

Cynthia Regina Pemberton Cancissu
psicóloga

---

* PEMBERTON, C. *O primeiro amor do adolescente:* Características e conseqüências. São Paulo, 1998. Trabalho de Conclusão de Curso, Pontifícia Universidade Católica de São Paulo.

Atividades

ROTEIRO PARA ENTREVISTAR UM GRUPO DE ADOLESCENTES EM UM *SHOPPING CENTER*

1. Constituição do grupo (sexo e idade dos membros do grupo, bairro em que moram).

2. Por que freqüentam o local? O que há de interessante para o grupo?
   a. Quais os pontos de encontro favoritos? Por quê?
   b. Quais as lojas preferidas? Por quê?
   c. O que costumam fazer e quanto tempo permanecem no local?

3. Escolaridade
   a. Como é o ambiente escolar?

4. Relacionamento
   a. Amizades: quantidade de amigos, freqüência de encontros, telefonemas.
   b. Conceito de amizade.
   c. Diferença entre namorar e ficar.
   d. Como as meninas percebem os meninos? E como os meninos percebem as meninas?

5. Relacionamento familiar
   a. Relacionamento com os irmãos.
   b. Relacionamento com os pais:
      i. Há controle de horários?
      ii. Há limites quanto a passeios e festas?
      iii. E quanto ao modo de vestir e ao visual de modo geral?
      iv. São livres para escolher as próprias roupas?
      v. Há diálogo em casa? Costumam fazer programas com os pais?
      vi. Os pais costumam conversar sobre drogas (tabaco, álcool e drogas ilícitas)?

A Sexualidade na Adolescência

*Seja você quem for,
agora eu ponho em você minha mão
para que você seja o meu poema,
sussurro com meus lábios perto da sua orelha:
muitas mulheres e homens tenho amado
mas a ninguém eu amo mais que a você.*

Walt Whitman

A identidade sexual consiste, entre outras coisas, em ver a si mesmo como um ser sexual, adaptar-se às excitações sexuais e formar ligações afetivas. Essa consciência emergente da sexualidade é um aspecto importante da formação da identidade, afetando de modo expressivo o autoconceito e os relacionamentos. É um processo que, controlado biologicamente, se inicia na adolescência e se desenrola por toda a idade adulta, e que tem sua expressão definida culturalmente.

Em geral, é na adolescência que se manifesta a *orientação sexual* de uma pessoa, se ela terá interesse sexual, romântico e afetivo por pessoas do outro sexo (heterossexualidade) ou por pessoas do mesmo sexo (homossexualidade). Quando nós consideramos o desenvolvimento sexual dos adolescentes, o padrão mais freqüente é a heterossexualidade: a atração pelo sexo oposto. Muitos jovens têm uma ou mais experiências sexuais enquanto estão crescendo, geralmente antes dos 15 anos. Entretanto, experiências isoladas, ou mesmo atração ou fantasias homossexuais não determinam uma orientação sexual definitiva. Na realidade, são poucos os indivíduos que se tornam exclusivamente homossexuais.

A dificuldade em determinar a proporção de pessoas que são homossexuais é devida em parte ao fato de que homossexualidade e heterossexualidade não são orientações sexuais completamente distintas. Alfred Kinsey, um pioneiro em pesquisa sobre sexualidade, argumentou que a orientação sexual poderia ser vista como um *continuum* no qual "exclusivamente homossexual" é um pólo e "exclusivamente heterossexual" é o pólo oposto. Entre as duas polaridades as pessoas poderiam apresentar várias gradações de um extremo ao outro (KINSEY; POMEROY & MARTIN, 1948).

Várias pesquisas foram produzidas com o intuito de explicar a homossexualidade. Embora já tenha sido considerada uma doença mental, várias décadas de pesquisa não constataram associação entre homossexualidade e problemas emocionais ou sociais. Essas constatações – somadas a interesses políticos e mudanças nas atitudes do público – levaram a psiquiatria a retirar a homossexualidade da categoria dos transtornos mentais. Na edição mais recente do Manual Diagnóstico e Estatística de Transtornos Mentais (DSM – IV) da Associação Americana de Psiquiatria não há qualquer referência – à homossexualidade.

Outras teorias das origens da homossexualidade — sem evidências científicas convincentes — apontam relacionamentos perturbados com os pais, encorajamento parental ao comportamento sexual não-convencional, imitação de pais homossexuais, ou aprendizado casual por meio de sedução por um homossexual.

De acordo com uma teoria mais recente, a orientação sexual pode ser influenciada por um processo complexo que envolve fatores tanto hormonais quanto neurológicos (ELLIS & AMES, 1987). Se os níveis de hormônios sexuais num feto de qualquer sexo estão na faixa feminina tipicamente entre o segundo e o quinto mês de gestação, a pessoa provavelmente sentirá atração por homens após a puberdade. Se os níveis hormonais estiverem na faixa masculina, a pessoa tenderá a sentir-se atraída por mulheres. Não foi determinado se e como a atividade hormonal pode afetar o desenvolvimento cerebral, e se e como diferenças na estrutura cerebral podem afetar a orientação sexual, mas foi relatada uma diferença anatômica entre homens homossexuais e heterossexuais numa área cerebral que comanda o comportamento sexual.

Também existem cada vez mais evidências de que a orientação sexual pode ser pelo menos em parte genética. Uma série de estudos ligam a homossexualidade masculina a uma pequena região do cromossomo X herdado da mãe; nenhum efeito semelhante foi encontrado em mulheres. Um gêmeo idêntico de um homossexual tem cerca de 50% de probabilidade de ser também homossexual, ao passo que um gêmeo fraterno tem apenas cerca de 20% de probabilidade e um irmão ou irmã adotivo(a) 10 % ou menos.

A determinação da preferência sexual é complicada também pela confusão entre orientação sexual e identidade de gênero (HUNTER & MALLON, 2000). Enquanto a primeira se refere ao objeto do desejo sexual de alguém, a *identidade de gênero* envolve a crença da pessoa quanto ao que ela é psicologicamente. Não há, necessariamente, relação entre orientação sexual e identidade de gênero: um homem com uma identidade de gênero fortemente masculina pode sentir atração sexual por outro homem.

A atividade sexual – que pode variar de um beijo casual ao contato genital – pode satisfazer diversas necessidades, o prazer físico sendo apenas uma delas. Os adolescentes podem tornar-se sexualmente ativos por diversos motivos: ter intimidade, buscar novas experiências, provar masculinidade ou feminilidade, acompanhar os amigos, encontrar alívio das pressões, ou investigar os mistérios da sensualidade e do amor.

Embora cada sociedade estabeleça diferentes rituais e costumes para que o indivíduo inicie sua vida sexual, a crescente expansão dos meios de comunicação fez com que, desde o início da década de 1920, passando pelos anos da década 1970 até os dias atuais, ocorressem mudanças nas atitudes e nos comportamentos sexuais. Uma delas foi a maior aprovação e tolerância com o sexo antes do casamento, uma vez que anteriormente a virgindade da mulher era imposta como uma forma de garantir a certeza da paternidade e a transmissão de riqueza e propriedade. Outra tendência é o declínio do duplo padrão: o código que dá aos homens maior liberdade sexual do que às mulheres. As taxas de atividade sexual antes do casamento cresceram, principalmente para as mulheres. Os adolescentes de hoje, assim como o restante da população, são sexualmente mais ativos e aceitam mais a atividade sexual. Segundo as estatísticas, os adolescentes começam sua vida sexual, em média, por volta dos 15 anos de idade.

Uma menina tende a ter suas primeiras experiências sexuais com um namorado firme pelo qual esteja apaixonada, pois para a maioria delas o sexo ainda está ligado ao amor.

Acho que para mim ainda não chegou a hora de transar. Eu nunca namorei sério e não me vejo transando com um cara com quem só fiquei. Eu quero que seja um cara que goste muito de mim. Eu vou esperar, pois para rolar tem que existir intimidade e sentimento.

R. 16 anos

Até hoje só transei com namorados. Perdi a virgindade há pouco mais de um ano. Já fazia um mês e meio que estávamos namorando. Mesmo sem estar completamente apaixonada, sentia muito tesão e carinho por ele. Por isso rolou.

M. 17 anos

Segundo Costa (2002), tradicionalmente o "homem iniciava-se bem cedo, com treze, quatorze anos, comumente com prostitutas, com autorização ou incentivado pelo pai, tendo como objetivo provar sua virilidade e afastar o fantasma da homossexualidade". Ainda hoje um menino tem maior probabilidade de iniciar-se sexualmente com uma profissional ou com alguém que tenha conhecido casualmente.

Atualmente, as duas grandes preocupações em relação à atividade sexual na adolescência são os riscos de se contrair doenças sexualmente transmissíveis e de uma gravidez precoce.

DOENÇAS SEXUALMENTE TRANSMISSÍVEIS (DST)

Se é verdade que podemos dizer que algumas doenças que acometem o homem são, ainda hoje, inevitáveis – como é o caso de alguns tipos de câncer – acreditamos que o mesmo não se aplica às doenças sexualmente transmissíveis – DST (veja tabela a seguir). Embora algumas delas sejam reconhecidas desde os primórdios da civilização humana, os métodos diagnósticos hoje disponíveis, aliados a inúmeros métodos preventivos, nos autorizam a concluir que as DST são perfeitamente evitáveis. Veja Tabela 8.1 a seguir.

Tabela 8.1 – Principais doenças sexualmente transmissíveis.

DOENÇAS	AGENTE CAUSADOR	SINTOMAS	PREVENÇÃO
Condiloma	HPV (vírus)	Formação de verrugas na região anogenital ou colo do útero	Evitar o contato com pessoas contaminadas; usar camisinhas
Herpes genital	HSV tipo 2 (vírus)	Aparecimento de vesículas (bolhas) típicas na região anogenital	Evitar a auto-inoculação, ou seja, evitar que – ao manipular as lesões – a pessoa espalhe o agente causador para outros locais; evitar o contágio através do ato sexual
AIDS	HIV (retrovírus)	Queda de imunidade, perda de peso, fraqueza, febre, gânglios. Aparecimento de infecções oportunistas	Não entrar em contato com os líquidos transmissores de HIV (sangue, esperma, líqüido da vagina, leite materno contaminado); usar camisinha independente de quem seja o parceiro; não compartilhar agulhas ou seringas
Cancro mole	*Haemophilus ducreyi* (bactéria)	Formação de uma ferida no pênis ou na região anal, dolorosa, com secreção clara. Predomina no sexo masculino	Evitar a auto-inoculação; evitar o contágio através de parceiros portadores

DOENÇAS	AGENTE CAUSADOR	SINTOMAS	PREVENÇÃO
Gonorréia (blenorragia)	Neisseria gonorrhoeae (bactéria)	Coceira, corrimento purulento, ardor ao urinar, várias micções (urinar várias vezes). Pode levar à infertilidade	Evitar a multiplicidade de parceiros; usar camisinha; em recém-nascidos, gotejar solução diluída de nitrato de prata na conjuntiva do olho (método de Credé)
Sífilis	Treponema pallidum (bactéria)	Ferida coberta de secreção clara, com pus (cancro duro), pouco dolorosa. Pode levar a complicações no sistema nervoso central e sistema cardiovascular	Usar regularmente preservativos; reduzir o número de parceiros sexuais, fazer diagnóstico precoce em mulheres em idade reprodutiva e em seus parceiros; realizar o teste VDRL (para identificação de sífilis) em mulheres que manifestem intenção de engravidar
Tricomoníase	Trichomonas vaginalis (protozoário)	Corrimento vaginal amarelado, fétido e dor ao urinar. O homem, geralmente, é portador assintomático	Evitar o contato sexual com portadores

Fonte: UZUNIAN, A.; BIRNER, E. *Biologia, volume único.* 2. ed. São Paulo: HARBRA, 2004. p. 195.

Como já afirmamos anteriormente, os adolescentes estão se tornando sexualmente ativos cada vez mais cedo, quando comparados às gerações anteriores. Mas o que mais preocupa não é o momento, mas a forma como isso tem ocorrido. Embora a necessidade do uso do preservativo tenha sido amplamente divulgada nos últimos anos em campanhas governamentais pelos meios de comunicação, ainda é grande o número de jovens que deixa de utilizá-lo.

> Eu uso quando fico com uma menina qualquer, mas com a minha namorada não. É ruim usar camisinha.
>
> Marcos, 17 anos

Os mais ameaçados são os adolescentes que começam a ter atividade sexual cedo, os que têm múltiplos parceiros e os que não usam preservativos, ou os utilizam inadequadamente. A melhor garantia para adolescentes sexualmente ativos é o uso regular de preservativos, que minimizam consideravelmente a possibilidade de adquirir doenças sexualmente transmissíveis (DST), bem como ajudam a evitar a gravidez.

As adolescentes que não usam contraceptivos, ou que os utilizam irregularmente ou inadequadamente, tendem a estar no início da adolescência. Elas são relativamente inexperientes e ignorantes em relação à sexualidade. Muitas vezes a menina deixa de pedir o preservativo porque está apaixonada e teme ser rejeitada pelo namorado se insistir em sua utilização. Muitos adolescentes com múltiplos parceiros sexuais não usam proteção confiável.

A maioria dos pais não dá a seus filhos informações suficientes sobre sexo, e os jovens ainda obtêm grande parte de suas informações (freqüentemente erradas) de amigos. Macedo & Souza (1996) constataram que a comunicação entre pais e filhos é bastante falha, ocorrendo apenas em situações de emergência, quando algum problema já aconteceu. Os pais ainda têm muitas dificuldades em abordar temas relativos à sexualidade com os filhos adolescentes. Por exemplo, algumas meninas acreditam que não podem ficar grávidas durante sua primeira transa, ou em certas posições, ou em certos períodos do ciclo menstrual.

Isso é importante porque os adolescentes, principalmente as meninas, que tiveram discussões com os pais sobre assuntos sexuais e que foram bem informados sobre sexo tendem a utilizar os preservativos de modo regular. Os adolescentes que podem falar com os pais ou com outros adultos sobre sexo e aqueles que conseguem informações sobre sexo em programas escolares ou comunitários têm melhores chances de evitar a gravidez e outros riscos ligados à atividade sexual.

Os meios de comunicação exercem uma influência poderosa nas atitudes e nos comportamentos sexuais dos adolescentes. Infelizmente, essas influências são, muitas vezes, negativas. A mídia apresenta uma visão distorcida da atividade sexual, associando-a quase que exclusivamente à diversão e à excitação. Os riscos de relações sexuais desprotegidas raramente são exibidos. É como se tais riscos não existissem. Nas novelas, por exemplo, os casais têm relações sexuais com freqüência e os contraceptivos nunca são mencionados, as mulheres raramente ficam grávidas e ninguém parece se preocupar com as DST. Os filmes, os clipes e as letras de músicas também se tornaram cada vez mais explícitos, repletos de imagens sexuais, banalizando a sexualidade.

Assim, não é de surpreender que adolescentes que obtêm informações sobre sexo na televisão e que carecem de sistemas bem formados de valores, capacidade crítica e forte influência familiar possam aceitar a idéia de relacionamento sexual com múltiplos parceiros e sem proteção contra gravidez e doenças sexualmente transmissíveis. Mesmo quando são feitas campanhas educativas na televisão, estas são episódicas e soam como conselhos desagradáveis, que impedem os jovens de participar da festa sexual em que vivem seus ídolos.

POR QUE AS ADOLESCENTES ENGRAVIDAM?

Segundo Freud, não existe maternidade sem o desejo de ser mãe. Neste caso, as adolescentes engravidariam motivadas pelo desejo inconsciente de serem mães.

Este desejo é proveniente das mais diversas histórias de vida, constituições familiares, níveis socioeconômicos, recursos psíquicos e afetivos. É sabido que muitas jovens engravidam ➤

➤ como um modo de confrontar os pais, um ato de rebeldia. Há aquelas que acreditam que a gravidez é uma maneira de atingir um certo *status* social: com isso, pensam que se tornam "mulheres, adultas e respeitadas". Outras engravidam por quererem sair de casa, casar mais cedo com "o grande amor de suas vidas". Há as que engravidam repetindo a história familiar: a avó casou-se cedo porque estava grávida de sua mãe, que também engravidou cedo, mas não se casou... Muitas concretizam antecipadamente, na gravidez, o desejo de serem mães. Algumas vêem no bebê uma maneira de suprir todas as suas carências e vazios. Há as que engravidam por "descuido", "sem querer", a fim de provar para elas mesmas e para a sociedade que já são mulheres e não mais meninas, que já são capazes de reproduzir, de gerar uma vida. Por outro lado, a clandestinidade da vida sexual na adolescência, muitas vezes faz com que haja uma carência não só de orientação como de prevenção, o que também pode ocasionar uma gravidez. Podemos imaginar que estas mães-meninas engravidam como uma forma de contribuir com o mundo, de "fazer a sua parte", já que a função de basicamente todo ser vivo é nascer, crescer, reproduzir e morrer.

Além do desejo consciente ou inconsciente de ser mãe, elas também sofrem uma pressão social para terem uma vida sexual, pois a vergonha de perder a virgindade antes do casamento deu lugar à vergonha de ainda ser virgem. Desta forma, a vida sexual das meninas se inicia cada vez mais cedo, clandestinamente e com menos preparo, aumentando o risco de gravidez precoce.

Antigamente, nossas avós engravidavam na adolescência e este não era um tema preocupante. Elas já estavam casadas e isto era considerado normal, aceito e legitimado pela sociedade da época, pois as meninas tinham como destino casar, ter filhos e cuidar da casa. Hoje em dia, o casamento deixou de ser uma condição necessária para as mulheres que desejam ser mães. Com o advento da pílula, da liberação sexual e da luta por direitos iguais, a mulher que planeja uma família precisa, teoricamente, inserir-se no mercado de trabalho para depois casar-se e ter filhos. Embora não seja mais uma vergonha ser mãe solteira, pode ser mais difícil cuidar sozinha de uma criança e sustentá-la. Para a mãe adolescente, não é menos difícil ter um ➤

> filho e ter que depender dos pais ou casar-se prematuramente, trabalhar, cuidar da casa e da família.
> Finalmente, não importa qual seja a classe social em que a adolescente esteja inserida, ela poderá ver na gravidez uma possibilidade de renovação, reconstrução e reinserção, de algo novo que poderá revigorar sua auto-estima. Muitas vezes ela poderá considerar a maternidade como uma forma de mudar e dar continuidade à vida, à família, a sua história e a seus ideais. Enfim, a tudo o que de certa forma a "fez" engravidar e a faz continuar sua saga.
>
> *Amanda Rocha Leite de Mattos*
> Psicóloga, mãe aos 16 anos

Na Suécia, onde as meninas se tornam sexualmente ativas mais cedo, as taxas de gravidez e aborto são menores do que a metade das taxas americanas. Isso ocorre porque os países industrializados da Europa oferecem uma educação sexual abrangente. É currículo obrigatório da Suécia e cobre todas as séries. Na Holanda, por exemplo, existem programas de redução de danos através dos meios de comunicação de massa e de organizações não governamentais que fornecem informações sobre técnicas de contracepção.

Os objetivos principais por trás das decisões dos vários países ao encorajar o uso de anticoncepcionais são prevenir gravidez na adolescência e manter baixos os índices de aborto entre os adolescentes.

No Brasil, talvez em virtude do advento da AIDS, houve mudanças na última década no que diz respeito a falar e educar sobre sexo. Paiva (1996) refere-se a uma pesquisa realizada em 1993 pelo DATA-FOLHA: foram entrevistadas 5.070 pessoas em 10 capitais do Brasil e as conclusões apontaram que 82% dos adultos com filhos aprovavam introduzir orientação sexual nas escolas.

As gestações na adolescência muitas vezes têm maus resultados. Grande parte das mães são pobres e com baixo nível de instrução, não se alimentam bem e recebem assistência pré-natal inadequada ou nenhuma assistência. E seus bebês correm o risco de apresentar baixo peso ao nascer. Quase um entre 10 bebês de mães com idade entre 15 e 19 anos tem esse problema.

Contudo, independente de fatores econômicos, os bebês de mães adolescentes correm riscos, pois até mesmo a *boa* assistência pré-natal aparentemente não pode compensar a desvantagem biológica intrínseca ao fato: o organismo de uma menina, que ainda está em desenvolvimento, compete pelos nutrientes vitais com o feto.

Complicações de parto são apenas o início dos problemas que podem acometer uma mãe adolescente e seu bebê. As mães adolescentes têm maior possibilidade de abandonar o Ensino Médio do que meninas de idade semelhante que não têm filhos até os 20 anos. Entretanto, algumas delas chegam a completar os estudos mais tarde.

Atividades

ROTEIRO PARA ENTREVISTAR UM GRUPO DE ADOLESCENTES EM UM *SHOPPING CENTER*

1. Vocês recebem educação sexual nas escolas? E em casa?

2. A quem procuram quando têm dúvidas sobre questões ligadas à sexualidade? Por quê?

3. O que sabem sobre doenças sexualmente transmissíveis?

4. O que pensam dos(as) meninos(as) que se masturbam? Por quê?

Adolescência: A Identidade em Risco

> *Acordo fora de mim*
> *Como há tempos não fazia.*
> *Acordo claro, de todo,*
> *acordo com toda a vida,*
> *com todos os cinco sentidos*
> *e sobretudo com a vista*
> *que dentro dessa prisão*
> *para mim não existia.*
>
> João Cabral de Melo Neto

Embora a maioria das pessoas consiga realizar a transição da infância para a maturidade e organizar um sentido de identidade, para algumas os conflitos dessa transição resultam em comportamentos desviantes, manifestos na depressão e nos comportamentos anti-sociais, que nos últimos anos foram potencializados pelas rápidas mudanças da sociedade.

Depressão e condutas anti-sociais

A *depressão* é uma forma de retraimento, ocorrendo na adolescência associada a estados prolongados de fadiga física, desapontamento emocional e tristeza a respeito de circunstâncias que nem sempre podem ser claramente identificadas. Algumas vezes a depressão é acompanhada de raiva e conflito sobre como expressar essa raiva. Para que os adolescentes se recuperem de um estado depressivo é preciso que desenvolvam métodos realísticos de confrontar o desapontamento e resolver os conflitos concernentes à expressão da raiva. A garantia de que seus sentimentos são normais também ajuda os adolescentes a se recuperarem da depressão. As depressões são relativamente freqüentes durante a adolescência, ainda que em muitos casos se trate mais de reações depressivas que surgem facilmente ante pequenos estímulos externos devido à instabilidade emocional do adolescente.

Quando os episódios de depressão duram seis meses ou mais e são acompanhados de outros sintomas como perturbações do sono, de alimentação e dificuldade de concentração, eles são denominados *transtornos depressivos*. Segundo Burke & Puig-Antich (1990), embora os adolescentes e pré-adolescentes que descrevem a si mesmos como deprimidos não evidenciem todos os sintomas de uma depressão clínica, como aquela que é encontrada nos adultos, eles mostram a mesma espécie de mudanças hormonais e outras mudanças endócrinas durante seus episódios de depressão, de modo semelhante ao dos adultos. A depressão entre adolescentes pode vir a constituir-se num estado clínico potencialmente grave, mais do que uma infelicidade transitória. Os sintomas depressivos e a depressão são mais freqüentes entre meninas do que entre meninos depois da puberdade e durante toda a vida adulta.

As reações vivenciais anômalas são muito comuns durante este período e, às vezes, se traduzem na forma de atitudes rebeldes, extremadas, explosivas ou sob a forma de reações de fuga (fugir de casa), ou de agressividade intensa, mas de curta duração. São, também, freqüentes entre os adolescentes o envolvimento em comportamentos de risco, seja por experimentação, seja pela busca de emoções fortes. Segundo Erikson,

> (...) a propensão do adolescente para debruçar-se sobre uma série de precipícios é normalmente uma experimentação de situações que, assim, tornam-se mais acessíveis ao controle do ego, contanto que não sejam prematuramente encaradas com uma seriedade fatal por adultos excessivamente ansiosos ou neuróticos. (ERIKSON, 1968, p. 164)

Uso e abuso de drogas

Dentre tais comportamentos encontram-se o uso, e eventual abuso, de substâncias tóxicas cuja dependência se instala geralmente muito cedo.

O uso abusivo e continuado de substâncias como álcool, tabaco, medicamentos e drogas ilícitas como maconha, cocaína, *crack* e *ecstasy*, entre outras, é um problema não apenas para os adolescentes, mas para a sociedade como um todo. Eles podem experimentar uma substância porque estão curiosos e ela está disponível. O depoimento de Schein (2003), em seu trabalho de conclusão de curso de psicologia é ilustrativo:

> Quando eu cursava o colegial descobri as drogas, todos os meus amigos usavam alguma, principalmente a maconha. Estudávamos numa escola liberal, onde ninguém era mal visto por fumar. Eu era a quadrada da turma porque não fumava e era contra. A minha geração aprecia as drogas, apesar de não ser a geração da liberação. Nesta sociedade hedonista, os jovens não se drogam por uma luta pela liberdade de pensamento e expressão, mas simplesmente por terem vontade, por não pensarem nas conseqüências e até mesmo para se enquadrarem ao grupo. Um exemplo disso é a moda da festa Rave (em lugares amplos, a céu aberto, onde se toca música eletrônica e se consome muito *ecstasy*). Tais festas duram aproximadamente 24 horas e, para agüentar dançar esse tempo todo, as pessoas consomem várias drogas estimulantes que ficam disponíveis, como a cocaína e o *ecstasy*. (SCHEIN, 2003)

Embora algumas substâncias, como o álcool e o tabaco, sejam legalizadas, seu uso pelos adolescentes pode acarretar sérias conseqüências físicas e/ou psicológicas.

O JOVEM E O ÁLCOOL

A última pesquisa nacional sobre o consumo de drogas por estudantes brasileiros foi realizada em 1997[1]. Já naquela ►

---

[1] GALDURÓZ, J. C. F.; NOTO, A. R.; CARLINI, E. A. *IV Levantamento sobre o uso de drogas entre estudantes de 1º e 2º graus em 10 capitais brasileiras – 1997.* São Paulo: Centro Brasileiro de Informações sobre Drogas Psicotrópicas – Departamento de Psicobiologia da Escola Paulista de Medicina – Universidade Federal de São Paulo, 1997.

➤ época, o álcool era a substância mais consumida, muito à frente do segundo colocado, o tabaco. Quase um terço dos adolescentes brasileiros já haviam utilizado bebidas alcoólicas até se embriagar e metade dos que tinham entre 10 e 12 anos havia, pelo menos, experimentado. O estudo mostrou que o uso freqüente, de seis a dezenove vezes por mês, e o uso pesado, mais de dezenove vezes por mês, vinham aumentando na maioria das capitais estudadas. De lá para cá, o consumo de bebidas alcoólicas no Brasil vem aumentando significativamente e, embora não disponhamos de dados nacionais atualizados sobre o consumo de álcool pelos adolescentes brasileiros, tudo indica que esse consumo venha crescendo e que a iniciação no uso dessa substância venha ocorrendo cada vez mais cedo.

Um estudo recente sobre os comportamentos de saúde entre alunos das redes pública e privada da área metropolitana de São Paulo[2] mostrou que 10% dos estudantes da rede pública e 25% dos da rede particular consomem intensamente bebidas alcoólicas num curto espaço de tempo, o que implica consumir mais de cinco doses de bebida no intervalo de duas horas, pelo menos uma vez nos últimos 30 dias. Entre os estudantes que relataram esse padrão de consumo de risco e se envolveram em agressões físicas, uma boa parte estava sob o efeito de bebidas alcoólicas – 24% na rede pública e 35% na particular. Da mesma forma, entre os jovens sexualmente ativos e com esse padrão de consumo, uma parcela significativa – 21% na rede pública e 35% na particular – teve sua última relação sexual alcoolizado. Além disso, boa parte dos bebedores de risco que sofreram algum acidente relataram ter bebido antes do evento. Já entre os estudantes que relataram beber, mas não nesse padrão de risco, os mesmos comportamentos foram bem menos freqüentes. Esses dados mostram a forte relação entre o consumo pesado de bebidas alcoólicas e outros comportamentos de risco. Também indicam que, tanto o consumo de bebidas alcoólicas como as conseqüências desse consumo são maiores na ➤

---

[2] CARLINI-COTRIM, B.; GAZAL-CARVALHO, C.; GOUVEIA, N. Comportamentos de saúde entre jovens estudantes nas redes pública e privada da área metropolitana do Estado de São Paulo. *Rev. Saúde Pública*, São Paulo, v. 34, n. 6, dez. 2000.

> rede particular do que na pública. O maior poder aquisitivo dos jovens da rede privada certamente possibilita-lhes um consumo maior de mercadorias e serviços em geral, inclusive de substâncias psicoativas, como o álcool. Em nossa cultura, ele é considerado menos nocivo do que as drogas ilícitas e seu consumo é socialmente aceito e estimulado por intensa propaganda. A freqüência de dependentes de álcool na população brasileira é de 11%. Entre os jovens que bebem excessivamente, o risco de alcoolismo é da ordem de 20 a 30%.

Hilda Regina Ferreira Dalla Déa
Psicofarmacologista e professora titular na
Faculdade de Psicologia da PUC – SP

No entanto, é mais importante procurar entender as causas do abuso de substâncias tóxicas, porque este afeta mais negativamente o desenvolvimento do indivíduo. A questão para os pais não é evitar que seus filhos tenham contato com drogas, mas sim evitar que eles se tornem dependentes.

A experimentação por si só dessas substâncias não deve ser considerada um indício de futuros problemas, mas as dificuldades de um jovem em aprender a lidar com o estresse e a frustração ao enfrentar as tarefas da adolescência, bem como a falta de um suporte familiar adequado podem levá-lo a refugiar-se no mundo das drogas, tornando-se um usuário compulsivo.

REDUÇÃO DOS RISCOS ASSOCIADOS AO USO DE DROGAS: PRÁTICAS EDUCACIONAIS

A constatação do aumento do consumo de drogas a partir da década de 1980 incentivou as políticas governamentais a desenvolverem estratégias interventivas. Sá (1992) caracteriza a política de drogas do Brasil como de criminalização, em um sistema que está baseado em uma visão jurídico-penal, que ➤

➤ propõe a punição do usuário/traficante, e numa visão médico-psiquiátrica que associa o uso de drogas à "doença mental". Acrescente-se ainda o contexto neoliberal de Estado mínimo, que privatiza os serviços do Estado e responsabiliza os indivíduos pela sua saúde e educação. Deste modo, *os indivíduos com problemas passam a ser reconceituados como indivíduos que causam problemas.* (CARLINI-COTRIM, 1998, p. 24)

A política das drogas abrange não somente o contexto legal como também instituições educacionais que lidam diretamente com a questão. Passaram a fazer parte das práticas educacionais programas de prevenção às drogas que se estruturam a partir de diferentes perspectivas.

André e Vicentin (1998) apontam para o tema das drogas nas escolas que, associado às crescentes manifestações de violência e a distância das gerações adultas, torna a química "jovens e drogas" altamente explosiva. Os significados dados à existência do jovem se constroem juntamente com o modo como ele se relaciona com o outro e com o mundo, o modo como se dá essa rede de relações que inclui as instituições educacionais.

A perspectiva de *redução dos riscos* associados ao uso de drogas (CARLINI–COTRIM, 1992; CARLINI, 2001) se revela como uma postura adequada para a abordagem do tema, que parte do pressuposto de que saúde não é um conceito estagnado visto a partir da "não doença", mas sim um conceito que engloba o nível individual, social e do ambiente, e como acontece a relação entre esses três níveis; o saudável não é a não doença, mas sim, um cuidado com os fatores de risco (BUSQUETS & LEAL, 1999).

> *Em suma, substituiu-se o enfoque disciplinador da guerra às drogas por uma ênfase na formação do jovem, encarando-o como capaz de discernir e de optar, e como alguém que tem o direito de ser informado idoneamente sobre questões que dizem respeito a seu cotidiano.* (CARLINI-COTRIM, 1992, p. 65)

Assim, o foco da redução de riscos muda, abrangendo tanto drogas lícitas quanto ilícitas: dos *"grupos de risco"* para as *"práticas de risco"*, do produto droga para o indivíduo e suas motivações.

Raquel Turci Pedroso e *Ana Cecília Andrade de Moraes*
Psicólogas formadas pela PUC – SP

> Referências Bibliográficas

ANDRÉ, S. A.; VICENTIM, M. C. A droga, o adolescente e a escola: concorrentes ou convergentes? In: AQUINO, J. G. (Org.). *Drogas na escola:* alternativas teóricas e práticas. São Paulo: Summus, 1998.

CARLINI, B. M. Estratégias Preventivas nas Escolas. In: SEIBEL, S. D.; TOSCANO, A. Jr. (editores). *Dependência de drogas.* São Paulo: Atheneu, 2001.

CARLINI-COTRIM, B. H. *A escola e as drogas:* volume I, II: realidade brasileira e contexto internacional. São Paulo, 1992. Tese de Doutorado em Psicologia Social, Pontifícia Universidade Católica de São Paulo.

CARLINI-COTRIM, B. H. Drogas na escola: prevenção, tolerância e pluralidade. In: AQUINO, J. G. (Org.). *Drogas na escola:* alternativas teóricas e práticas. São Paulo: Summus,1998.

BUSQUETS, M. D.; LEAL, A. A Educação para a saúde. In: BUSQUETS, M. D.; CAINZOS, M. *Os temas transversais em Educação:* bases para uma formação integral. São Paulo: Ática, 1999.

SÁ, D. B. Projeto para uma nova política de drogas no País. In: ZALUAR, A. (Org.). *Drogas e cidadania:* repressão ou redução de riscos. São Paulo: Brasiliense, 1999.

Uma alternativa teórica

Não existe ainda uma teoria suficientemente abrangente para integrar o estudo de todas as variedades de comportamento desviante na adolescência. Algumas teorias procuram explicar isoladamente as condutas anti-sociais, a depressão, a atuação sexual e assim por diante. Nenhuma dessas teorias, no entanto, pode explicar o comportamento inadequado em sua totalidade.

Não obstante, é possível estabelecer um quadro de referência que nos ajude a compreender e explicar as principais metas e tarefas de desenvolvimento da adolescência. Assim, várias psicopatologias específicas seriam vistas como fracassos na tentativa de realização de tais metas e tarefas.

Podemos utilizar a teoria psicossocial de Erik Erikson, cujo principal postulado a respeito dos adolescentes é que eles estão se defrontando com a necessidade de uniformidade pessoal, de continuidade entre suas experiências prévias e seus projetos futuros. Erikson explicou esse fenômeno como uma luta que o jovem trava pela construção de um sentido de identidade do eu.

Para os adolescentes, o confronto entre as duas polaridades, identidade e difusão ou confusão de identidade, pode assumir proporções críticas. A ocorrência simultânea de alguns eventos pode desafiar uma identidade previamente estável. A rapidez do desenvolvimento físico, o crescimento desproporcional dos órgãos sexuais, o início do funcionamento sexual e a emergência dos impulsos sexuais, assim como as conseqüentes mudanças nas relações interpessoais e as tentativas de se tornarem independentes de seus pais constituem mudanças que estimulam novas interrogações sobre eles mesmos e seus valores: "Quem sou eu?".

Como já discutimos nos capítulos anteriores, valores que se mantiveram inalterados e inquestionáveis durante toda a infância são agora submetidos à mais minuciosa crítica; objetivos que não eram sequer cogitados tornam-se agora possibilidades reais. Isso ocorre simultaneamente ao desenvolvimento de uma nova estrutura cognitiva. Os adolescentes constroem uma lógica formal que, como se sabe, lhes permite considerar a qualidade hipotética de muitas dessas questões. Podem experimentar novos papéis e variá-los dia após dia. Enquanto que, para os adultos, essa inconsistência poderia ser considerada como um sinal de séria instabilidade, nos adolescentes é apenas parte de uma atividade que consiste em experimentar diversos papéis sociais para descobrir aquele que melhor lhes convém.

Erikson defende para esse grupo etário uma *moratória psicossocial*, um período de tempo durante o qual uma variedade de papéis podem ser testados e uma variedade de comportamentos adotados, sem que se cobre do adolescente que ele assuma compromissos, como ocorreria no caso dos adultos. O mesmo ocorre na vida profissional. Os estudantes podem optar por diversos cursos e, assim, testar um certo número de diferentes ocupações profissionais, uma das quais poderá finalmente ser adotada. Isso lhes dá tempo para examinarem suas idéias acerca das próprias forças, fraquezas, assim como das idéias que os outros têm deles. Poderão então harmonizar seus planos para o futuro com suas aptidões atuais e suas realizações passadas.

O que se afirmou até aqui pressupõe que o adolescente está adquirindo um certo senso de estabilidade, de constância ou de continuidade que é a característica principal do sentido de identidade. Mas como é que os adolescentes enfrentam a ameaça de difusão, ou de confusão da identidade? Um adolescente bem-sucedido enfrenta-a definindo seu eu no contexto de um meio ambiente social e físico relativamente estável, encarando suas realizações como parte de um sistema social mais amplo. De um modo geral, o adolescente normal pode manter um equilíbrio entre a preocupação com suas próprias experiências e desejos subjetivos, e a preocupação com a reação do meio ao seu comportamento.

Mas, para alguns adolescentes a tarefa não é tão simples. Erikson observou que uma forma de resposta ao problema da difusão ou confusão de identidade é o desenvolvimento de uma *identidade negativa*, o senso de possuir uma série de características más ou potencialmente indignas.

A IDENTIDADE NEGATIVA

Alguns adolescentes tentam resolver toda a confusão de uma crise aguda de identidade estabelecendo uma identidade negativa,

> *uma identidade perversamente baseada em todas aquelas identificações e papéis que, em momentos críticos do desenvolvimento, lhes foram apresentadas como sumamente indesejáveis ou perigosas e, também, como as mais reais.* (ERIKSON, 1968, p. 175)

Um jovem cujos pais tenham sempre enfatizado aquilo que ele *não deveria ser* é sério candidato a escolher tal identidade. Erikson (1968, p. 175) cita o exemplo de

> *uma certa mãe que, cheia de ambivalência inconsciente em relação a um irmão que se desintegrara no alcoolismo, reagia seletivamente, uma e outra vez, apenas àquelas características, em seu próprio filho, que pareciam assinalar uma repetição da infeliz sina do irmão, com o resultado de que essa identidade negativa parecia, por vezes, ter mais realidade para o filho do que todas as suas tentativas de ser bom. Ele se esforçou ao máximo para tornar-se alcoólico, mas por lhe faltarem os elementos necessários, acabou num estado de obstinada paralisia de escolha.*

Muitos adolescentes, defrontando-se com uma difusão contínua, prefeririam ser ninguém ou alguém muito ruim, ou até estarem mortos – e isso de uma forma total e por livre ➤

> escolha – a não serem, de maneira integral e absoluta, alguém. Um jovem de classe alta, que tenha sido muito pressionado por seus pais para tornar-se alguém importante pode decidir tornar-se um "ninguém". Ou então um jovem de classe baixa, que perdeu todas as suas esperanças de algum dia tornar-se "alguém" pode descobrir-se estagnado. Quando as alternativas positivas estão obstruídas, o jovem pode sentir-se compelido a escolher alternativas negativas. Segundo Erikson (1968, p. 176),

> *a história de tais escolhas revela um conjunto de condições em que é mais fácil para o jovem derivar um sentido de identidade de uma identificação total com aquilo que se supõe que ele é do que lutar por um sentimento de realidade em papéis aceitáveis, que são inatingíveis pelos seus recursos internos. A declaração de um jovem: "Prefiro ser completamente inseguro do que um pouco seguro" ou a de uma jovem "Pelo menos na sarjeta eu sou a maior" circunscrevem o alívio que se segue à escolha total de uma identidade negativa.*

Eliana Bertolucci
Psicóloga e professora associada do
Departamento de Psicologia do Desenvolvimento da PUC– SP

Referências Bibliográficas

ERIKSON, E. H. *Identity:* youth and crisis. New York: Norton, 1968.

Suicídio adolescente

As *condutas suicidas* incluem tanto aqueles comportamentos de auto-extermínio diretos, quanto os que indiretamente conduzem à morte, como é o caso das pessoas que assumem intencionalmente uma forma de vida repleta de riscos, consomem drogas, se negam a comer ou a tratar uma doença grave.

Muitas pessoas morrem a cada dia por suicídio em todo o mundo. Nas grandes cidades há praticamente um suicídio por dia. E isso se deve a um conjunto de fatores. A *depressão* é um dos principais motivos na maioria dos suicídios; outros transtornos psíquicos, incluindo-se o alcoolismo e as toxicomanias, também devem ser considerados.

Existem também outros fatores que favorecem o suicídio, como a solidão, os conflitos amorosos e familiares, o sofrimento de doenças crônicas ou terminais, problemas financeiros e qualquer situação marcada pelo desespero.

Os índices de suicídio entre adolescentes aumentaram porque os adolescentes de hoje estão submetidos a mais estresse do que os adolescentes do passado. Muitos jovens que tentam suicídio, entretanto, não querem morrer. Suas tentativas de suicídio não respondem senão a um desesperado desejo de expressar e comunicar um drama interior e solicitar a ajuda dos outros. Constituem uma súplica desesperada por atenção e expressam um desejo de mudar suas vidas. Se não se consegue alcançar esse objetivo, uma próxima tentativa pode levar realmente à morte. Em virtude da impulsividade e de cálculos errados, os jovens podem morrer antes de obterem ajuda. Não é verdadeira aquela idéia de que "quem avisa não se suicida".

Como já foi assinalado, não se pode falar em uma determinação única. Muitos jovens que tentam se matar têm histórias de transtornos psíquicos e uma personalidade instável, tendendo a ser impulsivos, com pouco controle e baixa tolerância à frustração e ao estresse. Muitas vezes estão em conflito com seus pais e são incapazes de pedir apoio a eles quando se sentem sozinhos ou não amados. Há também aqueles que fazem parte de um sistema familiar insalubre, ou, então, que foram vítimas de abuso.

Alguns comportamentos podem constituir sinais de aviso de suicídio:

- depressão (tristeza, desespero, indiferença);
- comportamentos auto-destrutivos;
- isolamento social, da família ou dos amigos;
- conversar freqüentemente sobre morte, ou sobre suicídio;
- doação súbita de objetos de uso pessoal;
- dependência de drogas e álcool;
- negligência não habitual da aparência;
- mudanças na personalidade, como raiva, aborrecimento, ou apatia;
- dificuldades para se concentrar no trabalho ou na escola;
- ficar sem trabalho, escola, ou outras atividades usuais;
- mudanças drásticas nos hábitos de alimentação ou sono;
- queixas de problemas físicos, quando nada há de errado organicamente.

Uma assistência psicológica é imprescindível e urgente quando se constata que um jovem apresenta esse conjunto de sinais.

O suicídio de um adolescente é particularmente devastador para seus familiares, amigos e companheiros, que costumam experimentar sentimentos de raiva, culpa e depressão. Eles muitas vezes se sentem responsáveis por não terem reconhecido os indícios e evitado o suicídio.

Resistindo e resgatando a identidade

Para alguns jovens a consciência da aproximação da vida adulta e a necessidade de um sentido de identidade constituem fatores perturbadores. Eles percebem que o material de que dispõem é tão pouco atraente ou tão confuso, que não pode servir de base para uma identidade segura. Prejudicados por uma infância carente, ou por uma situação familiar caótica, por total e completa falta de oportunidades, ou ainda por uma situação de vida que não lhes ofereceu um conjunto consistente de valores, eles não conseguem encarar a vida adulta.

Quando o passado e o presente não podem ser integrados com o futuro ou quando este último promete ser apenas mera extensão de um passado aversivo, alguns adolescentes sucumbem à doença mental, ou se alienam buscando um escape nas drogas. Outros tornam-se aquilo que eles menos gostariam de ser, ou recusam-se a fazer qualquer escolha, ou preferem simplesmente não ser.

Não obstante, alguns resistem e podem ser auxiliados em seu desenvolvimento. Isso ocorreu com Míriam, uma adolescente de 16 anos, que vive em condições adversas numa favela da cidade de São Paulo, mas encontrou apoio no trabalho realizado com os adolescentes da favela pela Organização Não Governamental Gotas de Flor com Amor. Para uma peça de teatro, construída coletivamente pelos próprios adolescentes, Míriam escreveu os seguintes versos:

> Existem pessoas que vivem no mundo das drogas e do crime, pensando que haverá solução para seus problemas e dificuldades.
>
> Mas, quando se dão conta, não existem problemas maiores que a violência e a droga.
>
> Se oriente irmão, prove o contrário! Não seja mais um número no sistema carcerário. Estude e trabalhe em você.
>
> Tenha fé, ser um Zé Ninguém é embaçado, né?

A Entrada na Vida Adulta

> *O mundo todo é um palco,*
> *E todos os homens e mulheres, simples atores,*
> *Que nele entram e dele saem.*
>
> Willian Shakespeare

O desenvolvimento pára repentinamente ao final da adolescência?

Há já algum tempo os psicólogos do desenvolvimento afirmam que não, que o desenvolvimento psicológico se estende por todo o ciclo vital.

Muitas questões relativas à construção do sentido de identidade não são resolvidas antes do final da adolescência, período que Keniston (1970) denominou *juventude* para distingui-lo da adolescência e do início da vida adulta. As pesquisas de James Marcia (1966, 1976, 1980, 1993) e outros indicam que, para a maioria dos jovens, há uma progressão que parte de um período difuso de não questionamento, atravessa um período de questionamento e dúvida (que ele denominou *moratória*) e atinge uma etapa de realização da identidade. Alguns jovens, no entanto, se esquivam dessa progressão, permanecendo vinculados aos valores e estilos de vida de seus pais sem tê-los questionado, um *status de identidade* que Marcia denominou *execução*, uma metáfora que se refere a uma identidade que teria sido "hipotecada" aos pais anteriormente e que então estaria sendo executada.

O processo de construção de identidade, como já afirmamos anteriormente, não ocorre de maneira isolada do contexto no qual o jovem se encontra inserido.

A resolução da crise de identidade tem implicações para o desenvolvimento posterior. Os jovens que são bem-sucedidos ao construir um senso de identidade tendem a enfrentar os desafios do estágio seguinte com maior segurança.

É difícil demarcar com precisão a mudança para a idade adulta. Para alguns, o jovem se torna adulto quando se torna independente da família e estabelece compromissos com uma ocupação e um estilo de vida próprios. No entanto, o momento em que essa transição ocorre pode variar, dependendo da duração do período de estudos do jovem, dos padrões culturais e de circunstâncias históricas, políticas e sociais ao seu redor. As taxas elevadas de desemprego, por exemplo, podem constituir um obstáculo considerável para os jovens que estão tentando ingressar no mundo adulto. A seqüência e o ritmo do desenvolvimento também podem ser afetados quando dificuldades econômicas obrigam um jovem a deixar a escola e procurar trabalho, ou quando o casamento não acontece na época desejada, ou um filho nasce inusitadamente, ou as pessoas não conseguem se encontrar profissionalmente.

Segundo Erikson, a crise do início da idade adulta está ligada à questão de *intimidade versus isolamento*. O adulto jovem experimenta relacionamentos, buscando uma espécie de fusão de si mesmo com o outro. Um relacionamento afetivo que seja verdadeiramente íntimo implica capacidade de envolvimento, uma consciência das necessidades do outro e uma tendência de expressar as próprias necessidades. Erikson salientou que o conceito de intimidade é mais abrangente, envolvendo uma disponibilidade para entrar em diversos tipos de situação em que há a necessidade de franqueza para com os outros e também de abrir mão de parte do senso de separação obtido a duras penas pelo jovem.

Daniel Levinson, outro pesquisador do desenvolvimento, afirma que, da mesma forma que há princípios básicos que regem o desenvolvimento na infância e na adolescência, também os adultos se desenvolvem em estágios, cada um dos quais envolve tarefas específicas. Várias mudanças podem acontecer em cada período. No entanto, uma pessoa só passa de um desses estágios para o seguinte quando começa a executar novas tarefas de desenvolvimento e constrói uma nova estrutura para sua vida.

Segundo Levinson, entre os 18 e os 22 anos, o adulto jovem passa por um período de transição, no qual se preocupa com o estabelecimento de uma base para a vida adulta. Sair da casa dos pais, ser independente financeiramente e assumir novos papéis, estabelecendo uma base para o desenvolvimento adulto constituem suas tarefas nesse estágio.

Esta fase de transição é seguida por um estágio mais estável, entre 22 e 28 anos, no qual uma nova estrutura de vida deve ser construída. O jovem tenta firmar-se no trabalho, buscando também amizades e relacionamentos mais maduros. Sua tarefa passa a ser chegar a um senso preliminar de si mesmo como adulto e elaborar uma estrutura de vida baseada em seus interesses e objetivos. Na opinião de Levinson os jovens entram nesse período com um sonho em relação ao futuro pessoal, freqüentemente um sonho relacionado ao trabalho. Ele acredita que esse sonho é importante para o desenvolvimento, como um elemento orientador nos estágios posteriores.

O OLHAR DE UM ADULTO JOVEM

Nascemos... Brincando, vamos descobrindo o mundo. A infância é livre (ou ao menos deveria...) e as únicas expectativas sobre futuro aparecem nas brincadeiras, nos jogos. Ainda me lembro quando dizia aos meus avós que seria piloto de avião, ou jogador de futebol...

Chegamos à adolescência e continuamos a brincar e a jogar com o mundo. Só que agora, em vez de bonecas, carrinhos, bolas e contos de fadas, o jogo se manifesta no exercício de descobrir-se e de relacionar-se.

Quando temos seis anos de idade, qualquer um com quem brinquemos por dez minutos que seja passa a ser nosso melhor amigo. Qualquer um, não importa raça, credo, classe social, opção sexual... Não há juízos, avaliações; brincamos juntos, portanto, somos amigos.

Na adolescência começamos a construir e defender nossa identidade socialmente. Agora, o modo de vestir, de fazer as coisas e as companhias segmentarão nossas relações e nosso mundo. Nessa época de nossas vidas, tudo é intenso: o difícil começo da exploração de nossa sexualidade, a falta de compreensão dos pais e dos professores, o mundo, que parece conspirar contra nós.

Nesta época sonhamos com a maioridade, evento por meio do qual o adolescente vislumbra a tão sonhada independência, ▶

➤ a autonomia. Neste mundo em que vivemos hoje, na maioria das vezes o fim da adolescência é compreendido como a autonomia financeira, ou seja, a capacidade de pagar as próprias contas, sair de casa, ser responsável pela própria vida. Mas, é aí que mora o perigo...

Nossa estrutura educacional consiste em habilitar-nos tecnicamente para cumprir funções, realizar coisas, estar empregados. Mas o que isso quer dizer? Que o exercício de nos tornar adultos responsáveis significa apenas ganhar dinheiro e pagar nossas contas?

Nossa sociedade não nos prepara para assumirmos nossos sonhos, nossa cidadania, para conviver em harmonia com as outras pessoas. Somos educados e preparados para tirar maior proveito de um mundo desigual e corrompido, onde vencer significa ganhar dinheiro e consumir, saciando necessidades forjadas artificialmente, mitigando uma sensação de vazio que carregaremos pela vida afora, com uma nostalgia de algo que já foi e a ansiedade do que está por vir.

Creio que o fim da adolescência e o início da vida adulta constituem mais do que a autonomia financeira, ocorrendo em um complicado jogo de relações tanto *intra* quanto *interpessoais*: no compromisso com o que pensamos, sentimos e desejamos; na aceitação dos nossos limites e na responsabilidade que assumimos pelas escolhas que fazemos, que sempre são acompanhadas de renúncias. Afinal, escolher implica também renunciar a todas as outras possibilidades.

Tomar as rédeas de nossa própria vida parece ser o grande desafio do final da adolescência. Conduzir nossa própria utopia, nosso próprio caminho, em um esforço criativo. Imaginar-se e recriar-se, vivendo com coragem, deixando de nos esconder em referências sociais de um mundo que supervaloriza a individualidade e não a individuação.

Rodrigo de Souza A. Pereira
Psicólogo formado pela PUC – SP

Relação de Filmes cujo Tema É a Adolescência

1. **A Arte de Viver**
   A relação afetiva entre uma jovem que se droga e se prostitui e sua irmã mais nova, uma adolescente saudável.

2. **A Inocência do Primeiro Amor**
   Garoto de 14 anos, superdotado intelectualmente, apaixona-se por colega mais velha, que, por sua vez, tem uma queda pelo capitão do time da escola.

3. **À Noite Sonhei Contigo**
   Em meio às aflições e dúvidas da adolescência, garoto apaixona-se por uma prima bem mais velha, que se torna seu ideal de beleza.

4. **A Sombra da Dúvida**
   Garota de 14 anos começa a agir de forma arredia e distante. Interrogada, ela acusa seu pai de a ter assediado sexualmente.

5. **Almas Gêmeas**
   No interior da Nova Zelândia, em meados dos anos 50, a amizade de duas adolescentes torna-se obsessiva a ponto de preocupar os pais.

6. American Pie
Quatro rapazes de uma mesma escola fazem um pacto para perder a virgindade antes da formatura.

7. Amigas de Colégio
Em um vilarejo no interior da Suécia, duas adolescentes enfrentam o preconceito ao se apaixonarem.

8. Anos Dourados
No Rio de Janeiro dos anos 50, as difíceis relações amorosas entre os reprimidos jovens de classe média.

9. Anos Incríveis
Garoto de típica família de classe média americana vive as descobertas e problemas comuns da adolescência.

10. Bad Manners, a Gang Explosiva
Grupo de adolescentes apronta as mais sádicas confusões. O motivo: o menor de todos vai ser adotado por família completamente louca.

11. Barrados no *Shopping*
Grupo de adolescentes divide-se em brigas de namorados, baderna e papo-furado dentro de um *shopping center*.

12. Bem-Vindo à Casa de Bonecas
Adolescente feia e desajeitada é ignorada pela família e pelos colegas, vivendo um cotidiano frustrante e cruel.

13. Boys
Jovem aluno, no último ano de um internato masculino, apaixona-se por garota aventureira que ele encontra desacordada.

14. Caminhos Cruzados
Um jovem problemático, apegado aos irmãos menores, se vê em apuros quando o pai volta a viver com a família após a morte da mãe.

15. Caros Pais
Senhora da burguesia italiana viaja à Inglaterra em busca da filha adolescente que fugiu de casa.

16. Clube das Babás
Grupo de garotas-babás organiza um clube de férias para cuidar da criançada, enquanto vive os conflitos pessoais da entrada da adolescência.

17. Clube dos Cinco
Cinco adolescentes passam o sábado na biblioteca da escola, de castigo. Sem perceber, trocam experiências e amadurecem.

18. Deixa Rolar
No início dos anos 80, uma garota com 17 anos se vê sem perspectivas no meio de jornadas pesadas com uma amiga.

19. Delicada Atração
Em um subúrbio de Londres, dois adolescentes vizinhos e com problemas familiares acabam tendo uma forte relação amorosa.

20. Delinqüentes
Garoto marginal se une ao filho de um casal de classe média para cometer pequenos delitos.

21. Despertar de um Homem
Nos anos 50, um adolescente vê sua vida alterada pelo homem rude com quem sua mãe se relaciona.

22. Diário de um Adolescente
Quatro adolescentes nova-iorquinos tornam-se dependentes de drogas, no final da década de 60, e entram para a vida do crime, que inclui prostituição e furtos.

23. Diário Roubado
No imediato pós-guerra, quatro jovens despertam para a paixão e vivem uma ciranda de relações repleta de segredos e medos.

24. E sua Mãe Também
Dois adolescentes põem o pé na estrada em companhia da prima casada de um deles, rumo a uma praia deserta.

25. Eu, Christiane F., 13 Anos, Drogada e Prostituída
Garota viciada em drogas se prostitui e interna-se em clínica para lutar contra a dependência.

26. Faz de Conta que Eu Não Estou Aqui
Um adolescente solitário e enigmático se refugia em um mundo de sombras e pequenas transgressões.

27. Febre de Viver
Nos anos 80, um adolescente vive em crise a partir do momento em que o padrasto anuncia sua intenção de mudar de sexo.

28. Genial, Meus Pais se Separaram
Escola se divide em dois grupos inimigos: os filhos de pais divorciados e os de pais casados.

29. Geração Perdida
Dois adolescentes fazem arruaça por onde quer que passem. Acompanhados de uma amiga, invadem a casa de um casal de idosos e passam a torturá-los.

30. Gostaria que Você Estivesse Aqui
Garota de 16 anos enfrenta a sociedade londrina conservadora dos anos 50, não medindo as conseqüências ao assumir uma gravidez.

31. Grind – Correndo contra a Vida
Após cumprir pena por pequeno delito, o jovem Eddie volta para a casa do irmão. A integração se complica quando surge um romance com a cunhada.

32. Hollywood, Cheguei
Adolescente metida a atriz procura o pai ausente, roteirista, para pedir ajuda profissional e emocional.

33. Hope – Cidade em Conflito
No começo da década de 60, adolescente órfã de pai mora com a mãe inválida na casa da tia, que é casada com um homem autoritário e preconceituoso.

34. Ilusões de Órbita
Ao completar 16 anos, adolescente é expulsa de um orfanato. Com um mapa fantasioso em suas mãos, ela vaga por um país que não conhece e encontra tipos estranhos, sempre em busca da mãe alcoólatra.

35. Inocência Perdida
Filha de pais separados, uma adolescente vive com muitas dificuldades de relacionamento, tanto junto aos colegas de escola como junto à mãe.

36. Jovens, Loucos e Rebeldes
Em 76, colegiais partem para as comemorações de fim de ano letivo e início do verão americano.

37. Juice
Em Nova York, quatro jovens negros têm suas vidas tragicamente mudadas após cometerem um assalto.

38. Juventude Transviada
Adolescente, filho de pais ricos, ao mudar para outra cidade precisa se adaptar ao novo ambiente e se mete em encrencas com rapazes e garotas de sua idade – e também com a polícia.

39. Kadosh – Laços Sagrados
Na comunidade ortodoxa dos judeus de Jerusalém, o drama de duas irmãs que enfrentam o rigor das regras ditadas pelos religiosos para as mulheres.

40. Kids
O dia-a-dia de adolescentes de Nova York, envolvidos com drogas, sexo e violência.

41. La Boum
Um adolescente descobre o amor enquanto seus pais vivem crise conjugal.

42. Laços de Menina
Documentário produzido pela TV Cultura de São Paulo, em 1991, sobre a gravidez na adolescência.

43. Marcelo Zona Sul
Adolescente carioca rebela-se contra o mundo adulto, representado pelos pais e pelo sistema escolar, envolvendo a namorada e um amigo.

44. Meninas não Choram
Duas adolescentes elaboram um plano de vingança quando descobrem que o pai de uma delas tem uma amante.

45. O Primeiro Ano do Resto de Nossas Vidas
Grupo de jovens enfrenta as dificuldades relativas à inserção no mundo adulto.

46. Quando Chega o Amor
No Canadá, família de origem escocesa em comunidade católica, empobrecida pela crise dos anos 30, perde tragicamente dois de seus três filhos.

47. Quando os Jovens se Tornam Adultos
Sentados à mesa de um bar, jovens discutem seu futuro, incertezas e relacionamentos amorosos.

48. Quase Famosos
Em 1973, amante de rock esconde o fato de ser menor de idade e consegue a incumbência de escrever uma matéria sobre a turnê de uma banda ascendente para a prestigiada revista Rolling Stones.

49. Réquiem para um Sonho
Enquanto o filho viciado ganha dinheiro vendendo drogas, dona de casa toma inibidores de apetite para aparecer esbelta em programa de televisão.

50. Um Adolescente em Apuros
Quando finalmente se vê prestes a transar com a colega que mais deseja, um rapaz constata que está sem preservativo e sai pela noite para comprá-lo.

51. Verão de 42
Nos EUA, em 42, em plena Segunda Guerra Mundial, garoto de 15 anos descobre o sexo ao passar o verão na praia com a família.

52. Vidas sem Rumo
Adolescentes descobrem a vida, o amor, as diferenças sociais e a delinqüência juvenil.

Bibliografia

ABERASTURY, A.; KNOBEL, M. *Adolescência Normal*. Porto Alegre: Artes Médicas, 1981.

ARILHA, M.; CALAZANS, G. Sexualidade na Adolescência: o que há de novo? In: *Jovens Acontecendo na Trilha das Políticas Públicas*. Brasília: CNPD, 1998.

ARTTIE, L.; BROOKS-GUNN, J.; PETERSON, A. A developmental perspective on eating disorders and eating problems. In: LEWIS, M.; MILLER, S. M. (Eds.) *Handbook of Developmental Psychopathology*. New York: Plenun, 1990.

BLOS, P. *Adolescência*. São Paulo: Martins Fontes, 1985.

BRONFFENBRENNER, U. *A Ecologia do Desenvolvimento Humano:* experimentos naturais e planejados. Porto Alegre: Artes Médicas, 1996.

COSTA, M. *Sexualidade na Adolescência:* dilemas e crescimento. Porto Alegre: L&PM Editores, 2002.

DESSER, N. A. *Adolescência:* sexualidade e culpa. Rio de Janeiro: Rosa dos Tempos, 1990.

ELLIS S, L.; AMES, M. A. Neurohormonal Functioning and Sexual Orientation: a theory of homosexuality-heterosexuality. *Psychol Bull*, v. 101, p. 233-258, n. 2. 1987.

ERIKSON, E. H. *Identity:* youth and crisis. New York: Norton, 1968.

ERIKSON, E. H. *Un Modo de Ver las Cosas:* escritos selectos de 1930 a 1980. México: Fondo de Cultura Económica, 1994.
_____. *Sociedad y Adolescencia.* 15. ed. México: Siglo Veintiuno, 1995.
_____. *O Ciclo de Vida Completo.* Porto Alegre: Artes Médicas, 1998.

FADIMAN, J.; FRAGER, R. *Personality and Personal Growth.* 5. ed. New Jersey: Prentice-Hall, 2002.

FIELD, T.; LANG, C.; YANDO, R.; BENDELL, D. Adolescents' Intimacy with Parents and Friends. *Adolescence,* New York: v. 30, n. 117. Spring, 1995.

FLAVELL, J. *A Psicologia do Desenvolvimento de Jean Piaget.* 5. ed. São Paulo: Pioneira, 1996.

FLEMING, M. *Adolescência e Autonomia:* o desenvolvimento psicológico e a relação com os pais. Porto: Edições Afrontamento, 1993.

FREUD, A. *The Ego and the Mechanism of Defence.* New York: International Universities Press, 1946.
_____. La Adolescencia En Quanto Perturbacion Del Desarrollo. In: CAPLAN, G.; LEBOVICI, S. (Org.). *El Desarrollo Del Adolescente.* Buenos Aires: Paidós, 1972.

FREUD, S. (1914) *Introduccion al Narcisismo.* Obras completas. Madri: Editora Nueva, 1973.
_____. (1905) *Tres Ensayos para Una Teoría Sexual.* Obras Completas. Madri: Editora Nueva, 1973.

GESELL, A.; AMES, L. B. *Youth:* the years from ten to sixteen. New York: Harper & Row, 1956.

HAMACHEK, D. E. Evaluating Self-Concept and Ego Development Within Erikson's Psychossocial Framework: a Formulation. *J Couns Dev,* Alexandria, v. 66. April 1988.
_____. Evaluating Self-Concept and Ego Status in Erikson's Last Three Psychosocial Stages. *J Couns Dev,* Alexandria, v. 68. July/August 1990.

KINSEY, A.; POMEROY, W. B.; MARTIN, C. E. *Sexual Behavior in the Human Male.* Philadelphia: W. B. Saunders, 1948.

KOHLBERG, L. *Stages in the Development of Moral Thought and Action.* New York: Holt Rinehart and Winston, 1969.

LEVINSON, D. J. A Conception of Adult Development. *Am Psychol,* Washington, v. 41, n. 1, p. 3-13, 1986.

MACEDO, R. M. de; SOUZA, R. M. de. *Adolescência e Sexualidade:* uma proposta de educação para a família. Família e Comunidade, Coletâneas da ANPEPP, São Paulo, v. 1, n. 2, p. 7-33, dezembro 1996.

MALINA, R. M. Phisical Growth and performance during the Transition Years (9-16). In: MONTEMAYOR, R.; ADAMS, G. R.; GULLOTA, T. P. (Eds.) *From Childhood to Adolescence:* a transitional period? Newbury Park: Sage. 42, 1990.

MATURANA, H. R.; VARELA, F. J. *Autopoiesis and Cognition.* Boston: Reidel, 1980.

_____. *A Árvore do Conhecimento:* as bases biológicas do entendimento humano. Campinas: Editorial Psy II, 1995.

MEAD, M. *Adolescencia, Sexo y Cultura en Samoa.* Barcelona: Editorial Laia, 1975.

PAIVA, V. Sexualidades Adolescentes: escolaridade, gênero e o sujeito sexual. In: BARBOSA, R. M.; PARKER, R. (Orgs.) *Sexualidades Brasileiras.* Rio de Janeiro: Relume Dumará: ABIA IMS/UERJ, 1996.

PEREIRA, A. C. A. *Identidade do Ego e Representação de Características Parentais.* São Paulo, 1978. Dissertação (Mestrado em Psicologia Clínica), Pontifícia Universidade Católica de São Paulo.

PIAGET, J. *Da Lógica da Criança à Lógica do Adolescente.* São Paulo: Pioneira, 1976.

PIPHER, M. *O Resgate de Ofélia:* o drama da adolescente no mundo moderno. São Paulo: Martins Fontes, 1998.

RAYNER, E. *O Desenvolvimento do Ser Humano.* Lisboa: Edições 70, 1978.

ROLLS, B. J.; FEDOROFF, I. C.; GUTHRIE, J. F. Gender Differences in Eating Behavior and Body Weight Regulation. *Health Psychol*, Washington, v. 20, p. 133-142, n. 42. 1991.

SCHEIN, L. R. F. *Do Problema ao Significado:* um estudo de caso em dependência química. Trabalho de conclusão de curso de graduação em psicologia, PUC-SP, não publicado.

SENNETT, R. *Vida Urbana e Identidad Personal.* Barcelona: Ediciones Peninsula, 1975.

SMOLL, F. L.; SCHUTZ, R. W. Quantifying Gender Differences in Physical Performance: A developmental perspective. *Dev Psychol*, Richmond, v. 26, p. 360-369. n. 42. 1990.

STAUDE, J. R. *O Desenvolvimento Adulto de C. G. Jung.* São Paulo: Cultrix.

STRIEGEL-MOORE, R. H.; SILBERSTEIN, L. R.; RODIN, J. Toward an Understanding of Risk Factors for Bulimia. *Am Psychol*, Washington, v. 41, p. 246-263, n. 42. 1986.

SULLIVAN, H. S. *Concepciones de la Psiquiatria Moderna.* Buenos Aires: Editorial Psique, 1972.
_____. *Teoria Interpersonal de la Psiquiatria.* Buenos Aires: Editorial Psique, 1974.

VIHKO, R.; APTER, D. The Role of Androgens in Adolescent Cycles. *J Steroid Biochem*, Oxford, v. 12, p. 369-373, 1980.

Índice Remissivo

aberto, sistema de energia, 6
abuso de drogas, 126
adolescência, 1
  e auto-imagem, 42
  inicial, 24
  posterior, 25
  crises de identidade na, 83
  desenvolvimento
    cognitivo na, 45
  desenvolvimento físico
    na, 29
  gravidez na, 120
  pontos de vista psicanalíticos sobre, 16
  primeiro amor na, 110
  sexualidade na, 113
  teoria de Hall, 13
  teorias da, 13
  término da, 2
  transtornos alimentares
    na, 39
  visão ecológica da, 26
adolescente(s)
  egocentrismo, 48
  ser, 10
  suicídio, 134
  e família, 95

adolescente(s) *(cont.)*
  e grupo de pares, 100
adulta, entrada na vida, 137
AIDS, 117
álcool, 127
alimentares, transtornos na
  adolescência, 39
amor, primeiro,
  na adolescência, 110
amorosos,
  relacionamentos, 104
Anna Freud, 16
anorexia nervosa, 40
anti-sociais, condutas, 125
aprendizagem, 87
ascetismo, 18
auto-absorção, 78
autocerteza, 84
auto-imagem e
  adolescência, 42
autonomia, 69
autoridade, confusão de, 88

básica
  confiança, 68
  desconfiança, 68
bissexual, confusão, 87

blenorragia, 118
Bronfenbrenner
  modelo ecológico de, 27
  Urie, 26
bulimia, 40

cancro mole, 117
características sexuais
  desenvolvimento nas
    meninas, 38
  desenvolvimento nos
    meninos, 38
ciclo vital, 5, 81
  estágios no, 61
cognitivo, desenvolvimento,
  na adolescência, 45
comprometimento ideológico, 88
conceito de identidade, 64
condiloma, 117
condutas
  anti-sociais, 125
  suicidas, 134
confiança básica, 68
conformidade ao grupo, 101
confusão
  bissexual, 87
  de autoridade, 88
  de papéis, 74
  de valores, 88
  temporal, 83
construção da identidade, 57
crescimento, espiral de padrões, 14
crise(s)
  período de, 8
  de identidade, 9, 26, 81, 91
  na adolescência, 83

crise(s) *(cont.)*
  normativas, 68
culpa, 70
cultural, princípio da
  relatividade, 62

depressão, 125, 134
desconfiança básica, 68
desenvolvimento, 5
  cognitivo na adolescência, 45
  das características sexuais nas
    meninas, 38
  das características sexuais nos
    meninos, 38
  do julgamento moral, 49
  físico na adolescência, 29
  estágios do, 66
  teoria interpessoal do, 22
desesperança, 78
diagrama epigenético, 81
diferenciação, 6
difusão de identidade, 93
diligência, 72
dinamismo, 22
doenças sexualmente
  transmissíveis, 116
drogas
  abuso de, 126
  uso de, 126
DST, 116
dúvida, 68

ecológica(o)
  visão da adolescência, 26
  modelo de
    Bronfenbrenner, 27

egocentrismo adolescente, 48
energia, sistema aberto de, 6
entrada na vida adulta, 137
epigênese, 81
epigenético
   diagrama, 81
   princípio, 62
Erikson, Erik, 25, 57, 61
espiral de padrões de
   crescimento, 14
estágios, 7
   de Kohlberg, 51
   do desenvolvimento, 66
   do raciocínio moral, 50
   no ciclo vital, 61
estagnação, 78
estatura, 31
exossistema, 28
experimentação de papel, 85

família e adolescentes, 95
ficar e namorar, 105
físico, desenvolvimento,
   na adolescência, 29
fixação de papel, 85
forma e proporção, 31
Freud
   Anna, 16
   Sigmund, 16

generatividade, 78
genital, herpes, 117
Gesell, teoria de, 14
glândulas endócrinas, 29
gonorréia, 118
gravidez na adolescência, 120

grupo
   de pares e adolescentes, 100
   conformidade ao, 101

H. S. Sullivan, 22
Hall, teoria da adolescência, 13
herpes genital, 117
HIV, 117
hormonais, mudanças,
   na puberdade, 35
HPV, 117

identidade, 74
   em risco, 125
   negativa, 76, 133
   realizada, 92
   conceito de, 64
   construção da, 57
   crise de, 9, 26, 81, 91
   crises na adolescência, 83
   difusão de, 93
   resgatando a, 136
   status de, 91
ideológico,
   comprometimento, 88
inferioridade, 72
inibição, 84
inicial, adolescência, 24
iniciativa, 70
integração, 6
integridade, 78
intelectualização, 19
intensificação das pulsões, 17
interpessoal, teoria do
   desenvolvimento, 22
intimidade, 76

isofilia, 23
isolamento, 76

julgamento moral,
   desenvolvimento do, 49

Kohlberg
   estágios de, 51
   Lawrence, 50

Lawrence Kohlberg, 50
liderança, 88

macrossistema, 28
meninas, desenvolvimento das
   características sexuais nas, 38
meninos, desenvolvimento das
   características sexuais nos, 38
mesossistema, 28
microssistema, 27
modelo ecológico de
   Bronfenbrenner, 27
moral
   desenvolvimento do
      julgamento, 49
   estágios do raciocínio, 50
mudanças hormonais na
   puberdade, 35

namorar e ficar, 105
negativa, identidade, 76, 133
nervosa, anorexia, 40
normativas, crises, 68

operacional,
   paralisia, 87

padrões de crescimento,
   espiral de, 14
papel(éis)
   confusão de, 74
   experimentação de, 85
   fixação de, 85
paralisia operacional, 87
pares, adolescentes e grupo
   de, 100
passagem, ritos de, 2
período
   de crise, 8
   de transições, 1
perspectiva temporal, 83
polarização sexual, 87
pontos de vista psicanalíticos
   sobre adolescência, 16
posterior, adolescência, 25
pré-adolescência, 23
primeiro amor na
   adolescência, 110
princípio
   da relatividade
      cultural, 62
   epigenético, 62
produtividade, 72
proporção e forma, 31
psicossocial, teoria, 25, 57, 61
puberdade, 1
   mudanças hormonais na, 35
   ritos de, 3
pulsões, intensificação das, 17

raciocínio moral, estágios do, 50
realizada, identidade, 92
recapitulação, teoria da, 13

relacionamentos, 95
 amorosos, 104
relatividade cultural, princípio
 da, 62
resgatando a identidade, 136
risco, identidade em, 125
ritos
 de passagem, 2
 de puberdade, 3

sectarismo, 88
ser adolescente, 10
sexual(is)
 desenvolvimento das
  características nas meninas, 38
 desenvolvimento das
  características nos meninos, 38
 polarização, 87
sexualidade na
 adolescência, 113
sexualmente transmissíveis,
 doenças, 116
sífilis, 118
Sigmund Freud, 16
sistema aberto de energia, 6
status de identidade, 91
suicidas, condutas, 134
suicídio adolescente, 134
Sullivan
 H. S., 22
 teoria de, 24

temporal
 confusão, 83
 perspectiva, 83
teoria(s)
 da adolescência de Hall, 13
 da recapitulação, 13
 de Gesell, 14
 de Sullivan, 24
 interpessoal do
  desenvolvimento, 22
 psicossocial, 25, 57, 61
 da adolescência, 13
término da adolescência, 2
transições, período de, 1
transmissíveis, doenças
 sexualmente, 116
transtornos alimentares na
 adolescência, 39
tricomoníase, 118

Urie Bronfenbrenner, 26
uso de drogas, 126

valores, confusão de, 88
vergonha, 69
vida adulta, entrada na, 137
visão ecológica da
 adolescência, 26
vital
 ciclo, 5, 81
 estágios no ciclo, 61

O Adolescente em Desenvolvimento